Günter Kunert

Fortgesetztes Vermächtnis

Gedichte

Auswahl und Nachwort
von Hubert Witt

Carl Hanser Verlag

1 2 3 4 5   18 17 16 15 14

ISBN 978-3-446-24530-3
© Carl Hanser Verlag München 2014
Alle Rechte vorbehalten
Satz im Verlag
Druck und Bindung: Friedrich Pustet, Regensburg
Printed in Germany

MIX
Papier aus verantwor-
tungsvollen Quellen
FSC® C014889
FSC
www.fsc.org

Für Erika immer wieder
Dreidreiviervier!

Wirklichkeit bleibt im poetischen Denken voller
Überraschungen, voller Zufälligkeit, sie enthält das
Unbewußte genau so wie das nach dem herrschenden
Realismusdiktat Unvorstellbare, ja, es vermag den
gewöhnlichen »Wahnsinn« von Politik und Gesell-
schaft wirklich zu zeigen.

Rolf Geißler, *Versuch über das poetische Denken*

Am Vorabend

Wieder die Eimer
mit Wasser fürsorglich gefüllt. Wieder
unlöschbar die Brände, der Durst
Sterbender. Kostengünstige Gasmasken
neben den Betten. Auch der Haß
ist fest installiert wie die Angst.
Blinde und Krüppel sind abzuweisen
von der Tür: Selig wessen
noch eine eignet. Dunkelhäutigen droht
Tod, ein Meister aus Deutschland
keineswegs allein, vielmehr Herr
der Welt. Hopliten ziehen
durch die Straßen, sie trinken
auf ihr Wohl unser Blut, genießen
unser Fleisch. Die Greisin
im Rinnstein lohnt nicht die Entbeinung.
Ratten
kehren aus der Literatur zurück
in die wahnhafte Wirklichkeit,
als Sieger verlorener wie gewonnener
Schlachten.

März 2003

Fausti Bruderschaft

Bei aller Vivisektion,
lebendigen Leibes aufgeschnittenen
Tieren und Menschen,
zeigten sich alsbald Fliegen, jedoch
nie ihr Herr.
Wissensgierige Forscher
riefen ihn an um Hilfe,
um seiner Erscheinung nicht mal
im eignen Spiegel gewahr zu werden.
Indes die Höllenfahrt
längst begonnen hatte.

10.9.2005

Genesis

In die Endlichkeit hineingeboren
und ganz und gar und gleich
verschworen dem Maschinengang der Fakten,
zurechtgemacht zum Unrecht,
vergebens zum Verkauf bestellt,
hauptsächlich geschlechtlich
geschäftig
dem kosmischen Gewölbe anheimgegeben,
der Fortsetzung entgangen,
verblieben fragmentarisch
wie du weh dir.

13.9.2005

Zeitlupenleben

Zum Winteranfang
die sanfte Hand der Dämmerung
bedeckt deine Augen.
Alle dramatischen Wunder
der Natur verschwimmen,
verschwinden im dunkelen Dunst.
Mit zögernden grauen Stunden
schläfert der Norden dich ein,
der unerbittliche Regisseur
verhängt langsam die Fenster
mit urgründiger
Schwärze, als wäre
die Generalprobe fällig.

22.11.2005

Die Folter

Wie Tropfen um Tropfen
auf des Opfers Schädeldach.
Minute um Minute, Tag um Tag,
Herzschlag um Herzschlag. Erbarmungslos
wortlos: die Zeit steht still
und steht nicht still.
Was habe ich ihr angetan, daß sie
mich peinigt mit ihrem
unaufhörlichen Dasein?
Wer nicht geboren ward, stirbt
auch nie: wie das Monster
mit dem Zifferblattgesicht.

29.11.2005

Endstation

Daliegen gebißlos, stumm.
Kabel am Körper und
Schläuche enden im zagen Fleisch.
Der Plafond verbleibt
ohne Projektionen. Die Flure
fern draußen gefüllt
mit Lautlosigkeit bis zur Decke.
Durch die Infusionsflüssigkeit
quälen sich Bläschen empor
wie lebendig. Erst blinkt
ein grünes Licht rhythmisch,
dann ein rotes, dann erscheinen
weißliche Schemen und dann
Nichts.

11.12.2005

In Gedanken so für sich hin

Ein Wald voller Bäume. Mittendrin
ein Pfad. Darauf eine Gestalt,
traulich verraten von ihrer Silhouette:
langer Rock baumelnder Mantel kurzes Haar.
Gehst du fort oder kommst du
mir unter die Augen
trotz der geschlossenen Lider?
Stillschweigen der Luft,
auf daß die für einander bestimmten
Stimmen ungehindert durch die Räume
flögen.

Stumm die Natur, ihr bleibt
das letzte Wort überlassen
am Wegende.

12.12.2005

Einstwann

Jeder Tag wie jeder Tag
des Kalenders. Jahreszeitlich
komponiert: Farben und Geräusche.
Lauter Gesamtkunstwerke,
wechselnde Beleuchtung, routinierte
Abfolge von Attraktionen.
Billiger ist nichts
irdischerweise. Aufblenden und
abblenden im Stundenrhythmus
bis zur letzten
am Sankt Nimmerseinstag.

21.10.2006

Schweigen

ist eine weitverbreitete Gewohnheit.
Das leere Glas enthält sich
der Meinung über den Trinker.
Die Ruhigstellung von Verstorbenen
ähnelt der von Maschinen, denen
jedoch unseligmachendes
Auferstehen droht. Und Pflanzen,
schlau wie sie sind, wissen von
Gefahren des Redens. Wozu
ein Mund, wenn nicht bloß zum
Essen. Worte, die Falsifikate
der Wirklichkeit, gestehen
stumm ihre Verfehlungen ein.
Geschrei sinnlos, weil es Unsägliches
benennen will. Drum auch
fehlt dem Universum
für all die vom eignen Geschwätz
Ertaubten die Stimme
des Mitleids.

12.11.2006

Der Sturm

rüttelt an der Tür: ein Angebot
davonzufliegen. Zur Niewiederkehr.
Dies könnte
in Staub gemeißelt
auf meiner Grabplatte stehen.
Oder: Entsorgt.
Der Sorgen ledig, eigner
und aller.

31.12.2006

Fingerzeig

Die Postkarte mit dem Leuchtturm
ein Fingerzeig der Erde
gen Himmel: Hier bin ich,
Urenkel des Kolosses von Rhodos,
des seit langem gestürzten. Aber
lebe immer weiter verwandelt
zu Unrast in den Köpfen
von Architekten, Baumeistern
aller Ungetüme von Babel bis heute
in demnächst
untergegangenen Städten.

12.1.2007

Banale Gelände

Erinnerungen gleich Gerüchen
aus altbackenen Kartons, dem Keller
nach Jahren entzogen. Wo waren wir
gewesen vor dem Hintergrund
dieser Ruine aus Backstein? Und hier
an die Motorhaube gelehnt
mumienstarr wegen des Selbstauslösers?
Ach, stetige Wolkendecken
unter den Tragflächen Dädalus Airline.
Zunehmend Gewimmel fehlgeborener Primaten.
Magna Mater kopflos und unscharf
wie Hotelmesser. Jede Heimkehr
ein neuer Aufbruch ins Beiläufige,
was man einander ausführlich
beschweigt.

26.4.2007

Niederlage

Fruchtloser Tag, da das Gehirn
nichts gebiert. Abgetrieben allerlei
bedenkliche Mißgeburten, verkrüppelte
Wortgebilde, hinkende Zeilen, lahme
Metaphern, blutlose Sätze. Entferne
diese Seite aus deinem Kalendarium
als nichtgewesen. Auch wenn
der Riß schmerzt. Wie
nach der Extraktion eines Zahnes
dein jämmerliches Fleisch.
Bedenke: es gibt keinen Durchbruch
des Kopfes angesichts der Wand,
festverfugt aus deiner
eigenen Sprache.

11.5.2007

Das Grab der Gedanken

Eine Schädelstätte,
tiefe Gruben neben der Bahn
des Fortschritts. Hier hält
kein Zug der Zeit. Dein Blick
gleitet über planierte Flächen
ohne Merkmal, ohne Verlangen,
nachzuforschen
in den vergessenen Tiefen, wo
die Götter, die Kopfgeburten,
die abgetriebenen Föten des Geistes
ihrer Auferstehung harren,
ihrer Wiederkehr in die Welt
der Begräbnisinstitute.

12.5.2007

Der Abend aller Tage,

abgelebter Fruchtlosigkeiten,
jener besondere aber
voll Schwärze wie das Fell
meiner Katze im Dunkeln. Dieser Abend
entfaltet ungehemmt seine Herrschaft,
unsterblicher Diktator und
kosmischer Knecht. Vor dem Fenster
verhängt er sein Urteil
der Unsichtbarkeit. Zum Schluß
der fahle Wink eines Wipfels,
dahinsterbender Schein. So geht es
jedwedem, irgendwen grüßend
zum allerletzten Male
recht ungewiß.

21.5.2007

Machen Sie Ihren Einsatz

Durch das Tor der Lüge
betrittst du einen Palast,
errichtet aus Spielkarten.
Dir stockt der Atem,
damit das Gebäude über dir
nicht einstürze. Wenn das Blatt
sich wendet, wird ein anderer
die Karten neu mischen
und sie ausrichten
für jene Ewigkeit
des immer gleichen Spiels.

29.5.2007

Naturkundschaft

Wenn die Seide
an der Haut herabgleitet
unaufhaltsam,
als wolle sie Wasserfällen gleichen,
nie versiegen
Glätte und Glanz
Schauer und Lust,
entblößt, was zu Erde wird
einmal, aber immer
zu früh.

13.8.2007

Nachhilfe

Rundum die Welt
besteht aus unbezahlbaren Fantasien.
Allein die Katze im Sessel
weiß davon nichts, nichts von
des menschlichen Ingeniums Folgen,
nichts von den Mühen des Schlafes,
nichts von einem allseits
gerechten Suizid, nichts
von Albträumen, verfertigt aus
purer Wirklichkeit, und nichts
von verblichenen Hoffnungen,
nichts von der Sprache (uns trennend
seit Babel), die nur verstummt,
sobald wir beieinanderliegen.

16.8.2007

Auslieferung

Meine Lage war
embryonal. Eingezwängt
von rechts und links, von unten
und oben: gnadenlose Enge.
Und der Wagen schaukelte
mein Gedärm über Schotterwege.
Undeutbare Geräusche von fern.
Völlige Dunkelheit,
als sei ich unversehens erblindet.
Endlich ein Halt. Endlich ein Ziel.
Der Bote hob mich und warf mich
vor weswelche Tür und ich
entstieg hoffnungsvoll der Verschnürung.
Gerade noch lebend und ausgeliefert,
wie ich erkannte,
als Muster ohne Wert,
den gegenteiligen Behauptungen
zufolge.

20.4.2008

Von Ausflügen

Gedächtnislos rundum
der Wald, als Forst ebenso
nichtig bezeichnet. Er vergaß
die Gehenkten und die Selbstmörder,
Triebjäger condombewehrt,
Zeitungspapier mit den Anzeigen
von fäkalischem Laissez faire,
Gesang und Gebrüll, Hänsel und Gretel,
Rotz und Wasser, Donner und Wetter.
Nach wenigen Stämmen schon
ist der Spuk Mensch vorüber
und vorbei. Keine Notwendigkeit
für irgendwelches Erinnern
an irgendwen oder irgendwas. So
steht er schwarz und schweiget
allzeit auch dich
Maultaschenspieler gleichgültig an.

20.4.2008

Gloria Memoria

Die Witwe überlegt, wie
das Gedenken wachhalten
an den bekannt Verzogenen?
Steine sind dauerhaft, aber
selbst Versalien löscht langsam
die rieselnde Zeit. Einmal
suchte sie selber ihre Eltern
auf jenem Friedhof und fand
nichts außer traumartigen Abbildern.
Der Fluß Lethe überschwemmt
jedes Land und begräbt unter sich
all die flüchtigen Schemen, die
zu leben meinten. Die Witwe
beauftragt den Steinmetz,
vom gleichen Vergessen erwartet.

29.6.2008

Tomas Tranströmer

Gerade in Malmö
begegnet man ihm immer
wieder. Einmal vordem
in einem Moment der Unaufmerksamkeit
verlor er seine Stimme. Nun
trägt er die Sprache verschlossen
im Brustkorb mit sich. Er lächelt
stattdessen unaufhörlich,
weil ihn nur der Engel an seinem Arm
versteht, das unaussprechbare Geheimnis
ungeschriebener Dichtung.
Durch einen so schönen Mund
neben sich
bedeutsam verschwiegen.

29.6.2008

Im Grabmal des Midas

bin ich gewesen. Schattenhaftes
Licht. Ein Gang
bis zur düsteren Kammer
im Hügelinnern. Holz stützte
die Wände, Holz die Decke
im letzten ärmlichen Haus
des reichen Königs, dem
alles zu Gold ward und
das Gold zu Gift und
das Gift zur täglichen Speise
sämtlicher Nachkommenschaften.

2.11.2008

Giuseppe Ungaretti

Ihn erleuchtete Unermeßliches,
uns nur das Ermeßliche.
Mit leidloser Neugier legen wir
den Zollstock an unsere Wunden.
Zahlen zeigen die Tiefe
der Verletzungen an.
Für die Auflösung der nächsten Rätsel
sind die Reagenzgläser zuständig.
Und die Augen, an Linsen gepreßt,
überschauen die Welt,
diesen Stecknadelkopf,
bis ins kleinste Detail.
Nachkommen Ungarettis beschäftigt
die vierte Dimension des Geldes
und die Quadratur der Gehirne
in unserm verfallsdatierten
Diesseits.

3.11.2008

Ephesos

Von der Bibliothek von Ephesos
blieb ein fragiles Gehäuse.
Die Bücher verbrannten, die Worte
verwehten, die Gedanken verflogen,
die Erben verstreuten sich
ringsumher und bildeten
Legionen, ausgerüstet
mit wunderlichen Geräten
zum Verderb der Bibliotheken und
zum Bau unbewohnbarer
Gemäuer nach ihrer Art.

3.11.2008

Bedenklicher Winterabend

Erneut brennt heute der Horizont
und erhellt das Gedächtnis. Wir sinken
mit der Drehung unserer Kugel
sacht in Finsternis. Als beschönige
das Dunkel einen immer vorletzten
Krieg. Allein aus der Ferne gewinnt
die Zerstörung eine ästhetische
Dimension. Bei Licht besehen
wirkt Troja trostlos. Zusammengewürfelt
aus bloßen Steinen
schweigend im Jenseits der Geschichte.
Längst entflogen die Racheengel,
während wir uns abwenden,
heimgesucht
von diversen Vergangenheiten.

4.2.2009

Zbigniew Herbert

Vor Zeiten schon
für immer gegangen: der Dichter
aus Polen. Schwankend
krank von den vielen Gläsern.
Ein Gast aus dem unentdeckbaren Osten,
fremd unter den sich selber
fremden Deutschen. Er kannte
ihre Sprache und verstand dennoch
keinen. Stramm zeigten sie ihm
ihre Verse und Reime,
recht ordentlich seit Gevatter Goethe.
Du aber stammst aus den blutgedüngten
Wäldern und den verpulverten Städten,
also von dieser Landkarte,
gestückelt zwischen Moskau Berlin
und Wien, bist du entsprungen
in eine Freiheit,
von der hierorts niemand je
was ahnte.

12.2.2009

In Dur

Das Ohr vernimmt den Gesang
aus der Ferne unsterblicher
Vergangenheit. Wie fröhlich zogen sie
zum Ende in die Grube. Gebenedeit
ist die Krume vom Dünger
frischen Gebeins. Manche Schädel
bieten immer noch
klaffende Kiefer dar: denn immer noch
entsteigt ihnen unhörbar
jener Gesang aus dem Liederbuch
amtlicher Sirenen, Verlockung
des Sterbens
für den zaubrischen Klang
aus der Büchse
gnadenloser Pandoren.

17.2.2009

Eine Wirklichkeit

Ein Blick durch das Fernrohr
und du weißt genug. Da draußen
bist auch du draußen
für keinen wie dich. Dunkle Materie,
bedenkenlose Substanz, in Fleisch
verborgen. Manchmal Ausbrüche, tödlich
für den oder jenen oder so viele.
Als wir noch Romantiker waren,
lebten wir im Innern eines
beschlagenen Spiegels. Jetzt,
da wir uns sehen, draußen und
drinnen, finden wir auf den Planeten
jene Wüste, die wir
nur zu gut kennen.

17.2.2009

Die Lehre

Als Kind voller Staunen:
bei jeder Drehung ein Umsturz
der Muster. Revolution
und neue Ordnung.
Glänzende Farbkombinationen
wie vordem nie erblickt.
Noch eine Drehung und noch
über Stunden hinweg
fesselte mich der Wechsel
strahlender Formen,
die schier ewige Wiederkehr
armseliger Glassplitter,
die später dem zerbrochenen
Kaleidoskop entfielen. So
lernte ich sehen.

20.2.2009

Nachtrag I

Die Erde öffnete sich vor mir
und ich stieg ein, Iron Bridge,
Wales, Vereinigtes Königreich,
Groß-Britannien, in archaisches Dunkel.
Leise klappernder Klang. Ein schleifendes
Geräusch. Etwas wie dumpfes Atmen.
Sprach da eine Stimme: Die Krippe
ist leer? Morgen erhalten wir
wieder Heu. Quietschen eiserner Räder.
Immer die gleichen Karren, die
gleiche Last, der gleiche
Schienenstrang, das gleiche Knirschen
des Zaumzeugs, das gleiche Schicksal.
Meine Hand befühlte das nackte Gestein,
feucht von Ausdünstungen seit jeher.
Ich sah danach allenthalben
die blinden Grubenpferde
auf ihren unveränderlichen Wegen
menschengleich.

15.4.2009

Nachtrag II

Mit Canalettos Augen
blickte ich hinab
von der ersten eisernen Brücke Europas
auf den Severn. Geschlängelter Flußlauf,
gerahmt von unwiderstehlichem Pflanzenwuchs.
Keine Palazzi. Keine Gondoliere.
Nahe dem Wasser
einige gebeugte Gentlemen
unter roten Sonnenschirmen, reglos,
ermattete Erektion ihrer Angelruten.
Allerhand überflüssige Objekte
aus dem Kabinett der Madame Tussaud,
keinem Wandel gehorchend diese Vedute
altertümlicher Art: sie würde
bei späterer Rückkehr
sich dem Betrachter präsentieren
wie einst, wie schon
den unvermindert verschwundenen
Vorgängern.
God save the green.

18.4.2009

Aufschwung

Abflug zwölf Uhr dreißig.
Der Start ist freigegeben.
Sonniger Tag. Da unten »Thalatta
Thalatta«, wie meine Landsleute
es rufen. Dazu den Vater
im Rücken komplexgemäß.
Weiter Ausblick, fern leuchtend
Festland: Das aber ist nicht
Amerika, von dem keiner was ahnt.
Und ich bin nicht Lindbergh,
der noch im tiefen Schlaf
irgendwelcher Chromosomen ruht.
Spürbare Turbulenz jetzt. Abwärts,
ach, zu Neptun, dem unberechenbarsten
unter den Göttern. Ach, es zieht mich
unaufhaltsam zu ihm. Ach, früher
war das Wachs auch viel besser ...

21.4.2009

Allerdings Dresden

Das verschwieg
Gotthilf Heinrich von Schubert 1808
in seiner Vorlesung »Über Hellsehen
und Träume«. Verschwieg
den versteinerten Engel
über dem Ruinenfeld. Verschwieg
lodernde Leichenhaufen. Verschwieg
die todbringende wie die todgeweihte
Unschuld,
vordem ringsum und alsobald
dort droben.
Davon hätte er wohl reden können,
als wären ihm die Augenlider
weggeschnitten worden. Angesichts
eines Anblicks, für den
kein Maler je
hätte mehr zuständig sein können
in einem Florenz
an der Elbe.

5.5.2009

Neunzehnhundertneunundachtzig

Die letzte Erhebung degradiert
zum Jahrestag. Du erlagst
der Gastarbeiterin Clio,
der trägen Hure, die unter
der Hand einschläft. Währenddessen
aber ergeben sich Verwüstungen,
innerlich und angestiftet
von verborgenen Schaltgreisen,
lockenden lockeren Zahlenmeistern,
von Blinden verhehlt und verdreht.
Ausbleiben wird die Levitation.
Die Bodenhaftung
besiegt alle Ikarüstigen
und zeigt ihnen, wo es
statt aufwärts langgeht.

17.5.2009

Notruf

Auf einmal die Lampe
über der Tür am Haus.
Wer strich da eben vorbei? Jener Geist,
der sich einen Körper baut?
Als Rehgestalt oder Katze
unterwegs zu einem einsamen Bett?
Ein nächtlicher Tagedieb?
Ein Jemand auf der Suche
nach Fleisch und Blut und Tränen?
Mein eigener Schatten wohl
streifte umher ruhelos, als ich schon
die Pforte geschlossen hatte
wie ein ausgelesenes Buch.

13.6.2009

Wie Kometen

Aber manche Worte
machten sich klein, weil
sie zu groß gewesen. Sie paßten
nicht mehr in unsre Münder. Ihr Geschmack
wie Essenz aus vertrockneten Kernen
verstorbner Früchte. Manche
lagerten sich ab in unseren Ohren,
wo sie sacht verrotteten. Seitdem
hören wir besser, aber
nicht gut genug.
Manche Worte
gehen verloren und werden
vergessen, um wiederzukehren
wie Kometen,
die Unheil verkünden.

18.7.2009

Vom Friedhof nichts Neues

Hilflos stehen wir und verlegen
bei Begräbnissen auf Friedhöfen herum.
Ohne die Rituale verloren
im Nichtalltäglichen.
Blumen, schwarze Kleidung, Gedenkworte,
ein Halbkreis, die Schale mit Schaufel –
sie stützen uns
während des Dabeiseins. Wieder merken wir,
wie alles in allem Leben
zu kurz ist. Die Zeit, ungreifbar, vergeht
unter der Hand voll Erde
im Nichts. Später dann
der »Leichenschmaus«.
Als hockten wir immer noch
in der Höhle ums Feuer
dem Fleischlichen verfallen,
kannibalischer Abkunft
im verstorbenen Einst.

2.8.2009

Anderswo

rasen Stürme, steigt
die See, sinken Schiffe,
rinnt Blut wie Wasser,
findet Untergang statt. Der Kaffee
plätschert in unsere Tassen.
Die Katze räkelt sich
schläfrig. Blätter fallen
still vor sich hin. Im Windschatten
der Schicksale:
das deine und das meine
mühsam und sinnlos
eingeheimste Ich.

13.8.2009

Noch und noch

Noch sehe ich
meine schmutzigen Füße auf den weißen Kacheln.
Sehe die frischfrisierte Schönheit
hinter Glas lächelnd
das abendliche Unheil verkünden.
Sehe mich selber im Spiegel und erkenne
mich nicht. Und hier diese Regale
voller Bücher, aus denen das Gelehrte
und Gelebte hervorstaubt. Und da oben
der Wolkenzug und auch
dieser Kondensstreifen als Menetekel.
Freundliche Mienen rings,
das ewige Rätsel des Individuums
sorgsam verbergend. Es kommen
und gehen Passanten seit
meiner Geburt und weit hinaus
über alle Tode.
Dann wieder das leere Blatt,
bleich und
unerbittlich. Wie dein altes Gesicht,
als sei es jung, wie ein Foto es will.
In Wahrheit zeigt auch das bloß
eine Achtelsekunde Erstarrung
im Gestrüpp
von Gefühlen, und beredte
Sprachlosigkeit.

19.8.2009

Vom Ablaß

Lange schon überkommt uns
die Ödnis, bunt und beredt
hervor aus dem bergenden Glas.
Pünktlich tritt sie uns an,
schamlos und vielfach begrüßt.
Die Wüste lebt visuell wie anderswo
und wächst so um die Wette
mit all ihresgleichen,
seitdem jedes und nichts
auf Sand gebaut ist.

Nachlasse nie
zu reisen ins vergeblich Gewesene.
Öffnet sich das Tor zur Vergangenheit
einen Spalt, fällt Licht
vielleicht in das Dunkel deiner
allgegenwärtigen Blindheit,
auf des von Seele infizierten
Körpers Fragwürdigkeit.

O diese Verursacher des Wirklichen:
nicht einer von ihnen
wurde letztzeitlich ehrenhalber
geköpft. Sie fielen wie Läuse
aus dem blutdurchtränkten Mantel
unserer Geschichte
ohne Happy end.

19.9.2009

Atlas

Da wankt er daher, taumelt
und torkelt und schwankt
unter der Last des Unheils.
Solche Mühe macht müde.
Vollkommen ziellos der Pfad, ein
Irrweg ungewählt. So schleppt er
die brache Kugel, den stinkenden Globus,
das Untragbare mit sich.
Verdammt zur Einsicht
in die ahnungslose Geduld
von seinesgleichen.

23.11.2009

Natur

eine Vertriebene unserer Ansprüche.
Oh du schöner Westerwald, .
Grabmal des vielfach bekannten Soldaten.
Füllest wieder Busch und Tal
und stehest schwarz und schweigest.
Es birgt dein Boden
vergessene Minen und entleerte
Geschoßhülsen und des Lebens
versteckte Unsterblichkeit –
so gut, daß wir sie nicht finden.
Krume hieß, was die Keime und
die Gebeine gleichermaßen einschloß.
Ja, die Wälder wachsen nach,
sobald die Holzfäller beerdigt sind.
Geläutert die Erde erst
nach dem Ende
unserer Verblendung.

21.2.2010

Vom Alphabet

Verborgen in jeder Zeile Gebilde
für Träume und Albträume:
Alle Menschen werden Brüder.
Finden Sie sich ein
(mit vier Kilogramm Gepäck)
am Bahnhof zum Jenseits.
Schiller,
Dichter und SS-Sturmbannführer.
Das Alphabet: Kopfgeburt
von Meistern des Widersinns.
Etwas übermitteln,
was die Glücklichen und die Unglücklichen
verspürten und erlitten.
Wortwörtliche Hinterlassenschaft
zwecks Wiederholung
nach Vorgabe sämtlicher Buchstaben.

21.4.2010

Damals morgen früh

Erinnerst du dich
an den ausgebrannten Panzer
vor deiner Haustür? Nature morte.
Denkmal der Industrie als eines
ihrer selbst. Und später der Blick
auf einen Ameisenhaufen hinunter
vom Empire State Building?
Grand Canyon? Teotihuacán?
Und der von Alexanders Gordion
in die entfaltete Leere ringsum?
An die Ausschau vom fliegenden Fenster
auf lauter ungenießbare Zuckerwatte?
Woran erinnerst du dich?
Morgens die Tabletten nicht vergessen.
Wie den wachsenden Schatten
im Rücken. Doch das wiederum
steht auf einem anderen Blatt.
Unerbittlich.

7.5.2010

Vergeblichkeit

Zog die Zeilen
der Straßen entlang auf der Suche
nach meiner Sprache.
In einem unbedachten Moment
ging sie mir verloren. Trotz
unzähliger Inschriften an den Fassaden
und in den Läden voller Nichtigkeiten.
Trotz der Straßencafés,
die flatterhaftes Vokabular ausschieden.
Bei der Suche fielen Laute
von Leuten wie Blätter
im Herbst, kraftlos verdorrt,
auf mich nieder. Ins Nirgendwo
müßte ich aufbrechen, bereit
zum Bündnis mit den eigenen Worten,
welche ansonsten
keiner zu verstehen vermag.

7.5.2010

Buchhandlungen

Bücher von heute auf morgen
unleserlich. Schriftzeichen: mal
von links nach rechts, mal von oben
nach unten. Heute so, morgen so.
Und immer das gleiche Lamento
der Dichter. Sie finden kein Ende,
ehe sie selber enden. In den Folianten
unserer Altvorderen der Vorschein
unserer Gegenwart, die vorgefertigte
Zukunft ausweglos. Die Augen
überfliegen die Zeilen
mal von rechts nach links, mal
von oben nach unten.

23.5.2010

Sprichwörtlich Schicksal

Stehenden Fußes
kann ich von Glück sagen, daß ich
nicht weiß, was die Glocke
geschlagen hat und ebenso nicht,
woher der Wind weht, in welchen ich
mein Mäntelchen hängen sollte. Zwar
warf ich mit der Wurst nach
der Speckseite, doch der Bumerang
kam zurück, und ich ergriff
das Hasenpanier, die einzig
glorreiche Fahne, unter der
zu dienen ich jeweils
die Unehre hatte.

27.6.2010

Aufruf

Zurück zur Natur,
zu Vulkanausbrüchen, Erdbeben,
zu Taifun und Tornado,
zum Massaker an Schmetterlingen
und Walen und anderen
planetarischen Erscheinungen.
Zu Hunger und Not,
zu Wüste und Menschenleere,
zu Kellerasseln und Killerviren.
Zurück, zurück, wir müssen
zurück, um nicht zu leben
wie wir durch unsre Allgemeinheit
sondergleichen
verstorben sein würden
allgemach.

27.6.2010

Das Gedicht

wartet lange
auf seine Stunde, eine glückliche
oder unglückliche. Wartet
einen Tag, ein Jahr,
ein Leben lang, ehe
es selber zu leben beginnt.
Wiedererstandener Phönix
aus der abgründigen Schwärze
fliegt oder flüchtet
durch Mauern und Wände, vorbei
an Bajonetten und grellen Fassaden.
Immer aufs Neue verjagt und
vermißt, verachtet und aufs Neue
willkommen geheißen:
das Gedicht.

27.6.2010

Verkleidung

Als noch die Züge
ins Nichts fuhren, abgefertigt
die Passagiere fortwährend, damals
habe ich mich verkleidet
mit Laurins Mantel,
den trägt man nicht ab.
Auch in späteren Zügen
findet sich wieder, wem
das Ziel verlorenging.

3.7.2010

Die Atmosphäre

dunstig und schwer.
Schwefelgeruch. Die Gleise entlang
schleichen wir zwei
bereit zum Bericht. Doch wo
sind die Verdammten?
An ihre Fernseher gekettet
auf immer. Unerlösbar.
Verödeten Mundes. Trunken.
Unser Bericht: viel Worte
dem Vergessen und den Bibliotheken
geweiht. Bis zum Kopfbahnhof hin
und dem Schild »Inferno«,
Stan Dante und Ollie Vergil.

3.7.2010

Kunststück

Sprechen gelernt,
aber die falsche Sprache.
Was ich auch sage, keiner
versteht mich. Meine Gesten
ernten Gelächter. Sowas
hätte ich nie erreicht
mit den richtigen Worten.

3.7.2010

Untraum

Jedesmal
erscheint eine Frau, wenn
ich schlafe. Pünktlich
wie Schweiß auf meiner Stirn.
Eine Verschwörung! weiß ich
erwachend. Weil
die Tür allzu sacht
ins Schloß fällt.

3.7.2010

Auftrag

Sie müssen
ausreichend Zeit mitbringen,
hieß es. Ein Beutel voll
reicht nicht. Nehmen Sie
einen Koffer. Der
ließ sich nicht schließen, als ich
ihn mit Zeit vollgestopft hatte.
Wie soll ich die transportieren, falls
die Uhr sie überhaupt hergibt oder
der Kalender oder das Jahrhundert?
Vielleicht reicht schon
eine Handvoll. Mehr
habe ich nicht. So ärmlich
ausgerüstet langte ich
endlich an.

11.7.2010

Daheim

Angewurzelt wo
mein Tisch steht, im Morast
der Geschichte. Das Hirn
zieht mit den Wolkenwesen.
Zitternder Hand entgleiten
die Worte, zerfallen
auf und mit dem Papier.
So wie in meinem späten
Herbst verwirrte Falter,
zum Tod geboren. Jedoch
sie kehren wieder in fernen
Sommern ohne mich.

27.7.2010

An die Sterblichen

Gewappnet gegen die Schrecken
der Allgegenwart durch Wissenschaft:
Bedenke, Freund, die Planeten, die zahllosen,
und die Unzahl der Bakterien, künftig
unsere Erben. Bedenke auch
die Unsterblichkeit des wackeren
Gesteins, der Ameisen Optimismus,
die Kraft der uralten Samenkörner
aus den Gruselkammern Ägyptens.
Und daß die Zeit, blind von Geburt an
wie der Grottenmolch, dennoch
von Lichtjahr zu Lichtjahr
hausieren geht mit kleinen
Ewigkeiten. Und daß gar
auf dem Mars Eis vorhanden ist.
Vanille oder Schoko? Daran
sich zu delektieren bleibt
den Spätgeburten immerhin.

28.7.2010

Aus meiner Antike

Der alte Silen
war niemals Kind. Geboren
mit blutigem Lorbeer ums Haupt.
Man trifft ihn häufig
im Vorzimmer von Ärzten,
wo er wartet, unwissend worauf.
Hierher kommen
keine Bacchanten. Die harren
vor ihren längst geleerten
Gläsern im Schweigen
von Jahrtausenden,
zahllosen Tagen, aus denen
Silen voll Zweifel an seiner Existenz
Trost trank.

17.8.2010

Weltgeschichte Kurzfassung

Die Mütter riefen am Abend
die Kinder ins Haus. Bis es
kein Haus mehr gab, keine Kinder,
keine Mütter, keine Stimme und
keine Worte dafür.
Nur das Licht wußte Bescheid,
aber es ließ sich vom Dunkel
die Zeugenschaft stehlen.

17.8.2010

Angestaubte Nachrichten

Schon seit damals fiel Regen
mit diversen Lichterscheinungen
ohne Bedeutung vom Himmel.
Unbeschirmt schlichen wir
generationsweise durch gewittrige Zeiten.
Hier und da ging Gepäck verloren
oder sonstwer. Selber fand ich mich
wieder in einem Fundbüro. Aber
keiner vermißte mich.
Allzeit Tote entstiegen den Zügen,
bereit zur Verarbeitung.
Verordnete Schriftzeichen
deckten den Horizont ab,
da hinter ihm Ultima Thule verharrte,
unaufhörlich unerreichbar. Obwohl
die Autos schneller wurden. Allerlei
bunte Schlieren zierten
die angebotenen Pfützen, so daß
keiner von uns sein Spiegelbild
wahrnahm. Dergestalt verlief sich alles
und jeder bis auf Weiteres
im Streusand.

22.8.2010

Latenz

Im Spiegelbild wachsen
die Falten. Und Schuhe verbünden sich
wider meinen Auftritt im Globe Theatre
der Moderne. Gerade in
den dunkelsten Nächten
werden die Verschwörungen deutlich.
Dingsda und Dingsbums
verweigern den Dienst.
Als wir noch glücklichen Unwissens
trächtig im schützenden Schirm
der Bäume uns wiegten, brachen
unsere Feinde aus der Zukunft hervor.
Bewaffnet mit Ziffer-, mit Kalender-,
mit Zeitungsblättern umringten
sie unsereins. Während
wir noch zu ruhen meinten, waren
unsere Stunden schon abgezählt
an den schmutzigen Fingern vieler.

22.8.2010

Die Natur

ist immer nackt und bloß
Natur. Sie verstellt sich nicht.
Keine Flut naht
in venezianischer Maske
mit biederem Lächeln.
Vulkanausbrüche sind
die Ehrlichkeit selber. Und
brennende Wälder mahnen,
mehr auf das Heil
unserer Seele zu achten. Doch
wir haben sie leider
verlegt und so eifrig wir
sie auch suchen, man findet
sie nicht wieder. Wie den Brief
eines toten Freundes, wie
ein verborgtes Buch,
das man vergaß.

3.9.2010

Ghosttown

Dezembersonntag, eisiger Wind.
Alle Straßen verlassen, was sie
sonst niemals sind. Endgültige Leere
übernahm die Regie.
Für die Zukunft errichtet
aus Einsamkeit. Du bist
im Manhattan der kommenden Zeit.
Unabweisbar die graue Vision:
Es fielen die Bürger von Babylon
rechtens ihrem Schicksal anheim.
Kälte und Eis. Kein einziger Laut.
Ein Denkmal für später, hier erbaut.

3.9.2010

White Sands, New Mexico

Im verstörenden Glast,
im schneeigen Weiß der Wüste
bis zu den horizontfernen Bergen.
Blauer somit als sonstwo
der Himmel. Keine Spur
vom Großen Experiment. Verflogen
der Rauchpilz.
Mit der Schuhspitze graviere
ich meinen Namen
in das Geriesel. Minuten später
verlöschen die Lettern wieder.
An diesem Platz
sollen Lurche und andres Getier
von der gleichen Farbe der Unschuld sein,
die wir gerade hier
endgültig verloren.

12.9.2010

Nachts um drei

entbergen die Wände
Verschwundenes. Ich erinnere mich
an das Geräusch des Weckers
am Bett meines Großvaters, der
seitdem in einem Album haust.
Damals fiel in richtigen Straßen
noch richtiger Schnee, richtig
hörbar, wenn man darüber schritt.
Verklungene Töne.
Mit einem Schraubenzieher
öffnete ich die Uhr und war
enttäuscht. Nur Zahnräder. Und
wie eine Schneckenimitation
zusammengerollt ihre Seele, statt
der erwarteten Zeit,
die einfach aufhörte, mir meine
Anwesenheit zu bestätigen.

12.9.2010

Stallschreiberstraße, Berlin

In einer Straße, die
es nicht mehr gibt. In einer Stadt,
die auch nicht mehr existiert.
Das Kind besucht
die Werkstatt eines Tierausstopfers.
Halb betäubt in einem Nebel von Formalin
inmitten von Mumien aller Art.
Aus ihren gläsernen Augen
blinzelt mir das Nichts zu.
Der alte Ausbalger schenkt mir
den Schädel einer Katze. Daheim
verberge ich die Gabe in einer Kiste.
Ich weiß nichts von Yorick.
Und den dazugehörigen Hamlet
improvisierte ich ahnungslos
seitdem – in jener Welt,
die es demnächst auch
nicht mehr geben wird.

12.9.2010

Herbst erneut

Verkrustet vertrocknet faltenreich,
Gebrechlichkeit vom Altern bewirkt,
rostfarben und fleckig.
Unter den Schuhsohlen das Geräusch,
als brächen ganz zarte Knochen
zierlicher Skelette. Wind
verwirbelt sie. Oder es schafft
der brachiale Besen sie fort,
ungewiß wohin. Ferner Rauch
ihr Abschiedsgruß vielleicht.
Bald entblößen sich die Wege
für künftige Baumausgeburten,
Nachkommen von Nachkommen,
wie das Gesetz es befahl.

14.9.2010

Kurzfassung

Immer schön im Kreise
verlaufen im Labyrinth.
Im Zentrum erwartet dich
ein Spiegel –
mein schlauer Minotaurus.

18.9.2010

Wir Normopathen

Je mehr wir erfahren, je weniger
begreifen wir die Welt: sie ist
zu einer alltäglichen Angewohnheit geworden
wie alle übrigen. Wie das andere
Geschlecht, wie das Glas Wein,
wie die allgemeine Selbsttäuschung,
wie die Bücher: Träume ohne Schlaf.
Sogar der Himmel ward uns merklich
fremder. Unfaßliches Blau und darüber
die gnadenlose Taubheit der Materie.
Was für ein Einfall, daß dem Tag
die Nacht folgen müsse statt umgekehrt.
Eine unabweisliche Überraschung
folgt der nächsten. Trotzdem
geben wir uns zufrieden
mit einem kleinen Stück Leben:
Man nimmt, was man kriegt,
leicht verderbliche Ware. Bitte
kein Tanz außer der Reihe,
auch wenn die Musik
schon verklingt, das abgedroschene
Lied der Lieder.

21.9.2010

Naturgeschichte

Für Ulrich Horstmann

Die Natur erzählt Geschichten
wie solche über verbrannte Wälder, über
stete Feuer, daran wir uns die Hände wärmten
und die ungenießbare Suppe unserer eigenen
Geschichte. Sie erzählt vom Menschentier,
zum Unkraut geboren, zum Humus bestellt.
Erzählt vom Durst nach dem Erhabenen,
den nur Blut stillt. Erzählt und rauscht
vorbei wie ein Wind aus dem Gedärm
flüchtiger Gottheiten. Erzählt euch,
wie ihr euch umschlungen, um euch alsbald
zu verschlingen. In irdenen Klüften
lauert der Müll, der Herrscher
endzeitlichen Bejahens, dem keiner
Einhalt gebietet. Wie jede Geschichte
will auch diese mit einem Crescendo
schließen, mit spektakulären Resten,
stolzen Trümmern, eilfertigen Gebeinen,
grabwärts unterwegs. Danach
hebt Neues an, das uns im Nichts
nichts mehr angeht.

10.10.2010

Aus meinem Schattenreich

Nächtlich stummer Trubel. Hektisches
Treiben lautlos. Jeder
kannte jeden außer mir. So
eine Frau aus einem früheren Traum.
Damals war
eine Beziehung zwischen uns. Aber
das Fleisch
bewahrt kein Erinnern. Nur Seelen
tragen Tätowierungen bis zuletzt. Es war
übrigens ein Fest aus lauter
Verzweiflung, ohne
Fröhlichkeit der üblichen Gestalten
von aller Tage Abend.

11.10.2010

Orlando Furioso

Auf ins Gefecht mit wehrhaften
Wörtern: Ergebt euch! Ich nehme euch
gefangen! Rebellion dulde ich nicht.
Ach, wie die Silben stechen, die
Konsonanten kratzen, die Vokale
heulen unter meinen Hieben!
Euch werde ich es zeigen, euch zeigen
was ihr seid, was ich bin und wer.
Gehorsam ist gefordert: Reiht euch
ein. Marsch ins Gedicht. Daß mir ja
keines sich widersetzt.
Mit dem schwarzen Blut des Farbbandes
kennzeichne ich jedes, auf daß
es mir nicht entkomme. Mein
Ronceval ist hölzern und vierbeinig,
Alphabete rücken vor. Mein letzter Streich
gilt der Sprache. Geköpft vor mir liegend,
verbluten wir samt und sonders
auf diesem Blatt Papier
recht brüderlich.

14.10.2010

Der fahrende Sammler

ordnet seine Pässe.
Blaue, grüne, zum Schluß rote.
Hoheitszeichen auf Pappe. Nachdrückliche
aus fremder Herren Länder,
wie es das meine gewesen. Mein Gesicht:
reif fürs Verbrecheralbum. Sieh doch,
dieser tückische Blick verbirgt was.
Beruf? Zeitgenosse.
Bis diese Profession von selber
erlischt oder gekündigt wird.
Öffnen Sie den Mund und
schweigen Sie: Die Einfuhr
fremder Worte steht unter Strafe.
Hin und her gereist an einem
seidenen Faden: als Weberschiffchen.
Der Stoff, der entsteht,
wird mir von keinem Zöllner
je abverlangt.

11.11.2010

Früher heißt heute

damals und demnächst einst.
Da fuhr ich mit einer schnellen
Maschine durch die Natur
und die Unnatur ringsum.
Jetzt jedoch unternehme ich
nur noch Weltreisen
zu Fuß zur nächsten Straßenecke.
Wenn das so weitergeht, dann
bloß noch abwärts.
Ohne Lift.

22.11.2010

Korrektur

Die gespaltene
Zunge der Schlange. Ihre Küsse
schmecken nach wohlverdauter
Biographie. Glatte Haut
wieviele Male gewechselt?
Die fehlerhafte Geschichte aus
dem langweiligsten Buch der Bücher
vertauscht fortwährend die Agierenden
seit diversen
Zeitaltern bis heute.

22.11.2010

Im Widerstreit

der Bilder sucht eins
das andere zu übertrumpfen.
Sie drängeln sich und drängen
sich vor, hungrig nach Blicken.
Heimlich schieben sie sich
zwischen uns, damit wir
andere sind, als wir dachten.
Damit wir uns verkennen.
Damit wir uns herrichten
zu Blendwerken füreinander.

22.11.2010

Bei der Umarmung

der Blick über ihre Nacktheit
in den Spiegel der Schranktür,
der uns einschloß für immer
oder eine sonstige kurze Weile
der plötzlich hereinbrechenden
Vergangenheit.

22.11.2010

Zum Abend hin verlangsamt

sich der Herzschlag. Finsternis
repräsentiert symbolmächtig
lauter matte Reprisen,
wie Dichter sie schätzen.
Geläufige Zitate, ohne daß
einem ein Licht aufginge.
Bis zum Stromausfall. Und keine
Kerze zur Hand. Erleuchtung
bleibet aus. Wohl dem,
der sich wiederfindet in einem
anderen Traum.

22.11.2010

Füreinander

Mittels Fingerfertigkeiten
rasch uns etwas Lust bereiten,
denn die Unlust kommt beizeiten:
Laß uns doch dem Tag entgleiten.

Eh die Kälte uns erfaßt,
wärmen wir uns ohne Hast.
Wir sind hier doch bloß als Gast
auf der Kugel unsrer Erden,

wo wir sprachlos selig werden
ohne Klagen und Beschwerden
abseits von den Menschenherden.

5.12.2010

Präsente

Jene kleinen Geschenke
aus Kunststoff, meist
aus weiter Ferne. Man
nimmt sie mit ins Grab, wo sie
die Vergänglichkeit überleben.
Andre Überlebende
kenne ich nicht. Denn die sind
von den Straßen verschwunden, weil
die Straßen nur für sich selber
da sind. Asphalt
war der Antike bekannt:
es steht ja in unserm Stammbuch
unleserlich schwarz.

1.1.2011

Poeten

Wir verbanden unsere Namen
mit den Namen unsterblicher Städte,
Taverna aeterna, mit sakralen Bars
und Bordellen prosodisch, mit
verlockenden Friedhöfen, mit
Galerien erstorbener Schönheiten,
mit Arenen und antiken Abtritten,
selber bemüht um die Unsterblichkeit
innerhalb einer Fußnote
der örtlichen Topographie.

Meinen Sie Zürich zum Beispiel?

2.1.2011

Das Kaleidoskop

des Universums vermittelt
dem erstarrten Blick
lauter virtuelle Erscheinungen.
Hastige Eisenbahnen. Rasende Autos.
Rasche Flugzeuge. Rennfahrer und
Radfahrer. Entfliehende Gestirne.
Lichtgeschwindigkeit.
Atomares Tempo. Rastlose Photonen.
Und ich ahne bänglich:
all das ist nichts
angesichts einer Blüte, die sich
aus einer kleinen Knospe
langsam entfaltet und die
ebenso langsam stirbt.
Worum wir uns lebenslang
vergeblich mühen.

9.1.2011

Vorkommnisse

Stets gibt es irgendetwas
zu sehen. Wie etwa jene Blondine
auf Kanal 346, die ihre Brüste
knetet wie der Bäcker den Teig.
Oder den Löwen im Safarigelände,
zu Tode ermattet durch ungenießbare
Touristen. Inszeniert werden unseretwegen
auch andere Katastrophen, damit
wir die Gebühren zahlen: Vulkanausbrüche
gegen Langeweile. Aber die Lava gelangt
nie bis vor unsere Tür.
Bei Überschwemmungen ertrinken
die Statisten unserer Weltanschauung.
Tolles Treiben
sich leibhaftig Selbstzerstückelnder.
Sprengstofffestivitäten
nebst eiligen Bahrenträgern
verschwinden im elektronischen
Nirwana. Nichts Neues
unter der Sonne, sagt
der Prediger Salomo
und zieht den Stecker
aus der Buchse.

29.1.2011

Schicksale

Nach merklichen Wehen die Geburt.
Ein Gedicht kommt zutage, fast schon
vollkommen, mit dem Versprechen,
einst erwachsen zu werden.
Später stolpert es durchs gewöhnliche Zwielicht,
Waise, geduldet, solange es still bleibt.
Wo es aber verlautet und von sich selber
spricht, ungehorsam und ungehörig,
wird es zwischen Buchdeckel gepreßt
und aufgebahrt in der Großen Gruft
der Bibliotheken
von den zuständigen Sachwaltern.

27.4.2011

Autobiographie

Menschlichem Samen entsprossen,
tierisch wie eh und je. Dennoch
zogen die Wälder sich von mir zurück.
Die frühen Pfade versteinten alsbald.
Dafür umwucherten mich
Unter- und Zukünfte, bis
sie zerbarsten in Feuer und Geheul.
Doch unter der Haut brennt
noch immer meine Geschichte,
unheilbares Leiden. Wohin gerät,
wer nirgendwo hingeht?
Die abertausend Versprechen
durchblättert und dennoch
keinen gültigen Hinweis gefunden.
Bloß Zeichen schwarz auf weiß und
darum der entscheidenden Kunde
bar: Satz um Satz verhütet
vor dem suchenden Blick.

29.4.2011

Nordseits hierorts

Keine hohen Wellen
schlägt hier die Erde: das überläßt sie
dem Meer. Gebirge
sind hier aus Wasserdampf und
manchmal sehr in Eile,
uns zu verlassen aus windigen Gründen.
Hier wurde das Wort »Horizont« geboren,
Venus aus dem Schaum am Ufersaum.
Trotz der Ferne,
in die unser Blick fliegt, regiert
die Nähe
unser Dasein. Hier geht man
mit einem Schritt von Dorfe zu Dorf,
manchmal in Nebel gehüllt, damit
die Natur uns nicht bemerkt
und stillehält. Hier
zögern die Uhren in ihrem Gang,
und die Abende des Sommers enden
erst am Morgen.

16.7.2011

Die Adelsberger Grotte

(Postoina Jama)

Der Eingang zum Inferno
ist mit dem Bus erreichbar.
Reisebüro »Vergil« macht es möglich.
Schon im domhohen Vorraum
hört man mächtiges Brausen und
Sausen: der Chor der Verdammten.
Aber die lang lastende Dunkelheit
hat sie verwandelt: in weißliche
Molche, hilflos unterm Licht
übereinanderkriechend
zur Strafe ihrer Sünden, wie wir
sie täglich betreiben.
Als wir dem Wächter an der Pforte
zum Abschied einen Dinar reichen,
verbeugt er sich, um sein Lächeln
zu verbergen: er weiß,
wir würden wiederkommen
in anderer Gestalt.

17.8.2011

Der Chronist

Der Chronist krankt an der Zeit
und zwar chronisch. Was er
buchstäblich niederlegt
für die Augen Künftiger,
war eben noch Blut gewesen, Feuer
und Ehrensold, Gehirnmasse, Reifrock,
Fallbeil, Eisbergkollision,
Bomberanflug über Hannover-
Braunschweig-Nagasaki bis
Tschernobyl. Der Chronist
schwitzt vor Angst
über seine Sätze: Alles Ungeheuerliche
wird man eines Tages
ihm zuordnen. Mit jeder Zeile
verliert er seine Unschuld.
Zum Schluß liegt er da,
eine niedergeschlagene Gestalt,
geschändet von der Welt,
von jedem eigenen Wort.

17.8.2011

Geschenk morpheisch

Träume werden zugeteilt
wie Noten in der Schule,
wie das Essen im Krieg.
Keine Wahl.
In einer der elenden Nächte
späten Daseins
die Wiederkehr einer frühen
Geliebten. Ihre Haut
so glatt und so frisch,
als sei sie eben erst
mit unter die Decke geschlüpft.
Deine verkrümmten Finger
streicheln das Laken.
Ein letztes Glück
vor dem Niemehrerwachen
in keiner Unsterblichkeit.

20.8.2011

Diagnose

Über allerlei Hürden gesprungen
vertrauter und fremder Art.
Zuviel ist uns mißlungen,
vom Ingenium genarrt.

Gewinner? Kaum gewesen.
Man kam noch grade davon,
um im Lexikon nachzulesen:
»Krone der Evolution«.

28.8.2011

Frühherbst

Sommer ist keiner gewesen.
Nur Wolken regensatt.
Stimmung? Durchwachsen. Der Körper
ungehorsam und matt.

Die Lüste sind vergangen,
statt Nacktheit bloß Anatomie.
In vielen schlaflosen Nächten
entschlummert die Fantasie.

Wind läßt das Laub verfliegen,
als trüg es Botschaften fort,
die einer verzweifelt geschrieben
an einem ihm fremden Ort.

Hieroglyphen des Blattgeäders
dauern nur kurze Zeit
gleich unsern eigenen Worten:
Schnipsel der Ewigkeit.

13.9.2011

Genug gereist

Ich bin kein Columbus.
Benötigte Gewürze gibts
hinter der nächsten Ecke.
Just dort, wo die Nornen
kundig und weißbekittelt
tagsüber den Faden
sinnleerer Worte fortspinnen.
Kein Forscher aber entdeckt
die vergeblichen Fantasien
hinter den gesenkten Stirnen.
Das stets Unerreichbare
vergällt einem das Reisen.

10.10.2011

Anatomie-Unterricht

Die Kopulation von Elementen
erzeugte lebendiges Fleisch,
seinesgleichen stets zugeneigt
und verschworen. Jedoch je
eindringlicher der Blick, desto
ärmlicher die Substanz,
berufen zur unabdingbaren Fäulnis.
Mit geschlossenen Augen
nahm ich mehr von dir wahr –
wie vielleicht damals deine Gestalt
Gott in einem Traum
ohne Erwachen. Erkenntnis geht ja
unter die Haut,
hinter den äußeren Schein,
letztes Ein und Alles
für Ewigkeiten und in
Vagina Veritas Samen.

28.10.2011

Auf ewig verschriftet

Für Blinde gibt es
Gedichte über Worte.
Auch Worte über Gedichte
sind gut für Gehörlose.
Aber für Tote
bleiben Worte bloß Worte.
Was sie für Lebende sind,
weiß keiner. Die erste Lüge
hieß doch: Am Anfang
war das Wort. Jedoch
am Ende heißt es in Wahrheit
Geröchel,
unartikuliert und unnütz
und vor allem
ästhetisch unzulänglich.

2.11.2011

Gedenktag

Aus der Zeitung
sieht mich sein Gesicht an.
Vergilbt vom Alter, gramvoll
von eignem und fremdem Schicksal.
Leidenszüge jene Waggonreihen.
Immer sprechen andere über die Immergleichen
vom fürchterlichen Früher. Feierlich
die Mienen verfältelt
nach Gebot. Als wäre man einst
selber
Reisebegleiter gewesen.

17.11.2011

Im Kellerdunkel

flammt das Erinnern auf.
Fliegen draußen
noch die Bomber? Hier unten
ist es still. Die Toten
haben zu schweigen gelernt.
Mehr wäre nicht zu sagen,
als daß wir immer
dahin zurückkehren, von wo
wir kamen, ohne Kompaß
und Reisepaß
zum Orte Nirgendwo,
aus dem ungesegnet Zeitlichen.

19.11.2011

Hinweis

Gedenke jener, die einst
hier wandelten, zwischen
Bergrücken und Talsohlen.
Endlich angelangt sind sie
dort, von wo
kein Weg mehr wegführt.

Gedenke jener
besser nicht, ihre Schar
ist ja unübersehbar,
und ehe du sie gezählet, bist du
schon unter ihnen
verziffert.

15.12.2011

Über den Mond

bleiben Gedichte aus.
Der Fußtritt von Neil Armstrong
hat uns getroffen, verstoßen
aus müßigen Träumen.
Der Kosmos? Bloß
eine Ansammlung
überflüssiger Materie
in einer Leere,
vor der selbst Gott,
so es ihn gäbe, sich
fürchten müßte.

20.12.2011

Telegenes Mauerfallgedenken

Wieder fließen Tränen
elektronisch. Küsse. Umarmungen.
Alle Menschen werden Brüder
bis zum Hahnenschrei.
Würde die Wirklichkeit sich
doch bequemen, endlich abzudanken.
Ergriffen
die meine von fremder Hand
kurzfristig und letztmalig.
Der Sekt
zur Feier des historischen Datums
stößt mir wiederholt
nachträglich auf.

20.12.2011

Der Prophet

In der Wüstenei
des Potsdamer Platzes zu Berlin
wird daselbst seine Stimme
zum puren Geräusch.
Mit jedem neuen Gestern
erscheint er als Abgesandter
lichter Ebenen, sie zu beschwören
und zu preisen. Nur was dem Horizont
sein Recht beläßt, ist heilsam.
Kehret ein in die geheime Kammer
Eurer selbst. Vernehmet
die Stille, unhörbar
für ertaubte Seelen.
Der Prophet verkündet
die Berufung zur Einsamkeit
außerhalb des Anzeigenteils
endemischen Zeitungspapiers.
Hier ist der rechte Platz,
um nicht vernommen zu werden,
wie sonstwo und immer schon.

24.1.2012

Carpe diem

Wozu soll uns denn
die Zeit noch dienen? Sind wir
nichts als ihre Sklaven,
denen sie das Fleisch
von den Knochen schält?
Denen sie durch Kind und Kindeskinder
die Luft zum Atmen stiehlt?
Es handelt sich um eine Erfindung
von bösartigen Uhrmachern,
von nekrotischen Kalenderbastlern,
die uns jährlich narren
mit papiernen Zukünften
billigster Art. Mit Historikern
im Verein zur Vergiftung
unserer Seelen
durch unserer Vergehen Konzentrat.
Wir gehen dahin, wo
ihre Herrschaft endet. Das
Unfaßliche verbirgt sich
im vergeblichen Ereignis.

24.1.2012

Forschung

Von wo du herkommst:
Feuchtigkeit, Finsternis,
Körpersäfte, durch blutige Qual
ans Licht. Ein Mensch entsteht
in einem anderen Menschen.
Der alte Taschenspieler
jenseits unseres Wissens
betörte uns mit einem Rätsel,
behielt jedoch
die Lösung streng für sich
in seiner von uns selber
angestifteten Dunkelheit.

24.1.2012

Unterwegs

Reglos verharrte ich
auf einer fremden Straße.
Ja dieses Haus dort
mit seinen erblindeten Fenstern,
dem sanft eingesunkenen Dach,
dem nacktem Mauerwerk: Zeuge
zaghafter Vergänglichkeit.
Sich selber zu Ende bringen
wär hier der passende Ort.

24.1.2012

Vorhang

Alte Schauspieler reden
von Shakespeare, als hätte er
ihnen auf die Schulter geklopft.
Vom Staub des Schnürbodens
ihr Haar geweißt. Erinnerst du dich
an die Souffleuse, die zeigte plötzlich
ihre baren Brüste, weil du vergessen hattest,
daß seit Schiller
dir im Busen so bang war.
Große Zeiten mit dem Kuß
des Regisseurs auf den Fuß
der Diva. Das Schwein
wollte ihr bloß unter den Rock gucken.
Warum eigentlich, mein Lieber,
gibt es das Theater, diese
Irrenanstalt für Vampire? Bluten
wir nicht, wenn der Beifall
ausbleibt? Sterben wir nicht
angesichts der stummen Bestie?
Ihr Schweigen gibt uns
den Rest
und das Dacapo
die Droge des Lebens.

15.2.2012

Pausieren

Nach einem Schluck Veritas
zieht sich die Welt
lautlos zurück.
Jetzt haben wir unsre Ruhe
noch vor der letzten
probehalber.

20.2.2012

Anatomie

Deinem blanken Skelett
eignet eine unbestreitbare
handwerkliche Schönheit.
Elfenbeinfarbnes Gewerke,
Zusammensetzspiel bis
zur endgültigen Lösung.
In der Praxis gewährt
die gelungene Konstruktion
uns den unaufrichtigen Gang.

2.3.2012

Spätsportnachrichten

Hier wie dort verrenkt
einer seine Körpermaße schamlos.
Andere wiederum befassen sich
mit jedem Glied übergangslos
ins viertelstündige Nirwana.
Wegen schwerwiegender Brüste und
sonstiger Merkmale rundum
gilt die Alarmstufe eins.
Zu einem verantwortslosen Amt
reitet man am besten auf Sesseln.
Wird eine unbekannte Person bekannt,
erleidet sie träge Lust.
Auf den leeren Plätzen vor leeren Kirchen
herrscht gedrängte Nichtigkeit.
Mancher gar wird Pastor, um standrechtlich
pasteurisiert zu werden. Sonsteiner
vergräbt sich allein um der Auferstehung
willen. Und das Auge ist ein Bezugselement
im Einsteinschen Universum. Die Ratlosen
jedoch fahren auf Worthülsen fort
und fort, denn die Anzahl nackter Frauen,
in Druckerzeugnisse gehüllt, übersteigt
bevölkerungsreiche Erdteile. Siehe,
alles Papier ist verdammt ab Geburt,
wiedergeboren zu werden als neues Papier,
tückisch und hinterrücks und kopflos
wie nur irgendwas.

8.4.2012

Als wir jäh

dastanden, wo das Nichts
unserer harrte, waren wir
überrascht, wie klein es war und
wie verschrumpelt, weil es schon
so lange währte. Man hatte es immer
wenig beachtet und nie
pfleglich behandelt. Wir hätten
ein besseres verdient, kein so erbärmliches,
meine ich. Aber wir müssen
es wohl so in Kauf nehmen, weil
uns kein anderes mehr
zugesprochen wird.

8.4.2012

Morgens um sieben

Nachdem ich im Traum gestorben war,
überraschte mich das Erwachen.
Wie vordem hing da
die Lampe von der Decke. Und immer noch
ruhte das Buch
neben dem Bett, die Seiten aufgeschlagen
wie die Flügel eines kranken Vogels.
Zum Fenster hin der Lichtspalt
zwischen zwei Vorhängen kündigte an,
gleich werde die Reprise des Daseins
beginnen. Dazu Gemurmel
fernen Straßenverkehrs, jenes
stets flüchtigen Publikums.
Ein Wiedererwachen im
immerselben Leben
als Drohung einer mysteriösen Gottheit,
stofflich getarnt in der Garderobe
und über einen Kleiderbügel
gekreuzigt.

8.5.2012

Morgen Zeitung

Nachrichtlich nachweisbar
steht morgens einer auf und findet
sich nicht wieder. Ein Weiterer vermißt
seine Ehefrau, die neben ihm ruht.
Ein anderer atmet auf und erstickt.
Und einer trinkt ein Glas Milch
und stirbt davon. Einer badet im Teich
und wird zum Skelett. Jemand ißt
Fleisch und wird abschließend eingesargt.
Einer läuft über eine Wiese und die Füße
faulen ihm ab. Irgendsonstwer küßt
eine Frau und verliert die Sprache.
Irgendjemand schaut aus dem Fenster und
erblindet. Jener wie dieser entkleidet
sich und ist nicht mehr da. Und wer nicht
mehr da ist, wird nicht vermißt.
Einer kämmt sich das Haar, und der Kopf
bleibt im Kamm zurück. Einer fährt
zur See und entdeckt
nichts als Wasser. Ein anderer
stürzt in der Dunkelheit und verharrt
auf Dauer darin. Mancher legt sich
ins Bett und träumt, er lege sich
ins Bett, davon zu träumen. So einer
ist wie irgendwer, der nichts sonst
sein kann als irgendwer oder fremd
mit einem Glauben an die Zukunft
als einem Strick um den Hals.

8.5.2012

Der Chip

An der Spritze das
mit dem Blut ins Gehirn.
Da wird nun für dich
gedacht. Jene hübsche
Frau in der Zentrale, maskierte
Computerin, läßt dich
lächeln oder sonst was
du nie gewollt
und getan. Eines Tages
wird der Schuld-Enthobene
einfach abgeschaltet.

3.6.2012

In Erwartung

Vor seinem Abriß
verharrt das Haus in entleibter
Reglosigkeit. Drinnen aber
wispert die Leere
durch verblichene Tapeten.
Fäulnisgeruch wie aus
dem Mund eines Greises atmet
dir entgegen. Kränkliches
Ächzen der Dielen in ihrem
langen Koma. Fliegenmumien
präsentieren sich auf
Fensterbrettern und
von der Decke hängt in stillem
Gedenken an eine erloschne Lampe
ein einsames Kabel.
Als Nachmieter eingezogen
ist hier die Zukunft.

24.6.2012

Zeitgerecht

In einem hölzernen Trauerrahmen
die Wanduhr. Bleiches Enface
mit der Gloriole weniger Zahlen.
Ging jahrelang und standorttreu
»wie aufgezogen«. Sprach monoton
von der Endlichkeit, bis wir
beide genug davon hatten.
Schließlich der Suizid
ihrer Feder, ein verdienter Tod
nach ödem Dienst.
Zum Abschied verwies sie
nachdrücklich auf Mitternacht,
die Geisterstunde, ehe sie
selber ihren Geist aufgab.

25.6.2012

Quintessenz poetologisch

Die schönsten Gedichte
sind die ungeschriebenen.
Leichter als Luft,
von einem Atemhauch schon
verweht. Sie hinterlassen
auf den Lippen den bitterlichen
Geschmack von Ewigkeit.

25.6.2012

Im Vorüber

Ab und an
begegne ich dieser alten Frau,
bis sie mir bekannt vorkommt.
Nornengleich verborgen in verdämmernden
Cafés oder plaziert auf einer Parkbank.
Gedächtnisstütze einst gelebter
Gemeinsamkeit. Der Blick ähnlich
der Blinden ins Vergangene gerichtet,
wo alles ganz anders ist als es war.
Altmodischer Kleidung entsteigt
das Parfüm der Vergeblichkeit.
Der Gruß eines Vorbeigehenden
verklingt wie alle andern Geräusche.
Aber das Endgültige bleibt
unausgesprochen, weil es längst
bekannt ist und längst stimmlos.

25.6.2012

Schweigsamkeit

Vergiftetes Vokabular
rieselt unaufhaltsam
von Tribünen. Endloses Strömen
der Worte und Wörter. Aber die Toten
am Fuße der Sockel
sprechen eine andere Sprache:
das Idiom der Unschuld,
dröhnend, doch nichtssagend
für die Gehörlosen
»so hoch da droben« –
erhabene Menschenscheuchen.

26.6.2012

Rückwärtsgewandt

Gestern ist schon damals.
Unaufhaltsam getrieben die Zeiger
wie von Unruhe wir. Lieblose Nächte,
nackt wie der Mond,
der Sonnenspiegel erhellt
kaum das Schlafzimmer,
das Sanktuarium
von Vergessenen und zum Vergessenwerden
Geborenen. Ein paar nichtige Träume
für ein kurzes Wiederauferstehen
vorm letzten.
Auf fremdem Leibe meine Hände
fremd im bleichen Widerschein,
Erinnerungsstücke
aus dem Museum der Evolution,
täglich gewaschen in Unschuld
und in Schuld.

21.7.2012

In einer Bibliothek

In seiner bekannten Verborgenheit
wartet das ungelesene Buch geduldig,
geduldiger als ich, dem die ach
so scheinhaften Worte zufallen.
Ständiger Schauer, Silbengeriesel,
Gekreisel von Sätzen, schwarz
auf weiß, Asche auf Schnee.
Von ungefähr kenne ich die Stelle
von des Druckwerkes Aufenthalt,
wie der Archäologe weiß, wo
Ungekanntes seiner harrt. Aber manche
suchen etwas nur, um sich nicht
zu finden. So wartet das ungelesene Buch
auf seine Defloration und den Akt,
gefolgt von Enttäuschung. Weil zuletzt
doch nur wieder und immer wieder
Zeichen geboren werden,
allein solche zum Verbergen
der ultimativen Antwort.

21.8.2012

Es werde Legende

Unter der Erde dahinfahren hat etwas
Untergründliches. Nachdem die Türen
sich zischend geschlossen, beginnt
die Reise durch dunkles Eingedenken.
Nacht umkleidet die Waggons und ihre Fracht.
Spürst nicht auch du
die Nähe zum Orkus? Hier lebten ehdem
die Toten. Einmal unterquerte ich
die erfundene Hauptstadt
eines erfundenen Landes haltlos
wie dieses: Verdämmerte
Bahnhofsgrotten in Folge die Folgen
oberirdischer Mächte. Letale Lämpchen
wiesen hier und da
auf uniformierte Wächter hin, Hüter
des Staubs und der Leere. Immer
verstummten die Passagiere
bei solcher Tour. Aus den Kavernen
nur Widerhall des Schweigens
für eine kurze Zeit, währendder
das Jahrhundert befehlsgemäß stillstand.

21.8.2012

Schlecht geschlafen

Nie kommt einem der Tod so nahe
wie morgens vorm Spiegel.
Kurzfristig kaschierte Identität.
Unübersehbare Verwandtschaft.
Einer, der nichts weiter weiß
von dir und mir und jedem
als das, was im Spiegel
sichtbar zu werden droht.

20.9.2012

Fröhliches Treiben

Im Karneval tragen wir
unsere Gesichter ganz offen,
damit wir nicht erkannt werden.
Danach wieder
eindeutig Masken.

20.9.2012

Dachbodenfund

Lohnt es sich noch,
die alte Truhe zu öffnen?
Ihr Inhalt bekundet doch nur
die muffige Leere allen Seins.
Entstiege wenigstens dem Holzgeviert
das glücklos Vergangene
zwecks Korrektur. Doch nur
Überflüssiges erhebt sich
triumphal, von Sinn entblößt.
Just wie es einem manchmal
beim Trödler begegnet.

28.9.2012

Gegenwartsbericht

Ach heute
werden die Könige nicht mehr
geköpft. Gesicherte Pensionen
für die Darsteller der Macht.
Ach heute
werden sie unblutig überflüssig.
Gealterte Schauspieler
verzehren sich im Verlangen
nach ihrem Einst, das nun andere
verwalten. Denn außer diesem
hat nichts sonst Bestand.
Ach frei
aber unfreiwillig ist nur
der Eintritt fürs Publikum,
dessen Rolle festliegt
für immerdar
Ach.

28.9.2012

In Jerusalem

Rätselhaft die Mienen jener
sich in der Grabeskirche Drängelnden:
Wie täglich tut sich auch diesmal
kein Wunder kund. Geflüster.
Warum klingelt jetzt nicht ein Telefon,
um eine frohe Botschaft zu übermitteln?
Ermüdende Beleuchtung aus tristen Lämpchen.
Jedes besondere Christentum
besitzt hier eine Nische, abgegrenzt
gegen die feindlichen Brüder.
Ein Babel des Glaubens.
Nun aber müssen die Touristen
andern Touristen weichen,
die kurze Passion endet, bevor
der Schmerz der Wahrheit
einsetzt.

29.9.2012

Friedhof

Ob der Totengräber sich fragt,
wer wohl unter der Grube
der Grube liegt? Und wer
unter dieser und welche noch?
Abwärts kein Ende
bis in die unergründliche Tiefe
der Geschichte,
die aufwärts wächst bis zum Himmel,
die zum Himmel schreit
so lautlos,
wie es die Gattung gewohnt,
wie es der Gattung gebührt?

9.10.2012

Entschiedener Augenblick

Als die Uhr stillstand,
blieb auch die Zeit stehen.
Jede Bewegung verharrte im Nu.
Das Sterben endete für immer.
Geburten setzten sich nicht fort.
Mitten im Sturz
hielt der Selbstmörder inne.
Und der Liebhaber verließ nie mehr
seinen leibgefederten Platz.
Und das leckgeschlagene Schiff
sank nicht und die Schreie
der Passagiere hingen fortan
fest in der Luft. Kein Tag
verging fernerhin. Selbst die Würmer
stellten ihre Arbeit ein.
Nur der Fluß Lethe
zog weiter und zog mich
mit aus dem Bild.

12.10.2012

Aus der Abbildnerei

In der Welt der
Fotografie sind wir schon
antik. Auf allen Gesichtern
das vorgefaßte archaische Lächeln.
Jedermann eine Skulptur
seiner selbst.
Auf dem Kartonblatt
steht die Zeit endgültig still,
während unsereins schon
davontappt in die
unselige Unwirklichkeit
des Lebens
auf und davon.

13.10.2012

Auf zur Exekution

holpert der Schinderkarren,
aus Sprache gezimmert.
Jegliches Gedicht erweist sich
als Richtplatz.
Verurteilt zur Sichtbarkeit,
was eben noch abgründig Bedeutung
besessen.
Unter dem Fallbeil der Worte
zum Tode bewahrt
in den Grabkammern
unabänderlicher Schriftzeichen.
Auf denn!

2.12.2012

Zu Gast

Ein einziges Mal
war ich in Jerusalem und werde
in keinem der nächsten Jahre dort sein.
In Mea Shearim begegnete ich
Vorvätern, kaftangekleidet,
hastig eilend von einem Wort Gottes
zum anderen. Keiner sah mich an, aber
ich sah sie alle, eine endlose Reihe
aus der Prägeanstalt für Menschen.
Jüdische Geschichte ist ein Fortsetzungsroman
ohne Ende. Ich bin zwangsweise
darauf abonniert, doch
auf die Fortsetzungen nicht neugierig.
Füllige Frauen werden wie auf Rädern
vorwärtsbewegt, die Kinder
sind jetzt schon meine Großeltern.
Vor einer Buchhandlung schaute ich
auf die Druckerzeugnisse
von ein paar Meschuggenen, denen die Schrift
so heilig ist wie mir.

29.12.2012

Clio

die unwürdige Greisin,
die Rabenmutter nährt sich
von Kind und Kindeskindern.
Kannibalisches Wesen
verweigert sich jeglicher Vernunft.
Rastlos verschlingt sie,
was sie unaufhörlich gebiert,
Generation um Generation.
Nichts und niemand widersteht
ihrer Unersättlichkeit,
von der zu künden kaum einer
wagt, bedroht vom
Anathema des Schweigens.

30.12.2012

Die Reisenden

Sie besteigen die Schiffe
in Scharen. Sie gehen
an Land. Was ist das
für ein Land? Es ist
das Land Nirgendwo, mein Freund.
Da werden die Gäste gut
ausgenommen. Vertilgt wird
ihr Hirn gewöhnlich gewürzt
und gleichmäßig verquirlt.
Alles andere dörret die Zeit
und hinterläßt es kommenden Zeiten,
stetig anlandend
in papiernen Fregatten.
Sie steigen auf,
sie steigen ab
übers Fallreep aus Wörtern,
rastlos, ratlos, rettungslos
Reisende.

4.1.2013

Olympiadeure

Zuviele Dichter bedichten
zuviele eigene Leiden. Dabei
hat doch jedermann
schon eine persönliche Seele
zum alsbaldigen Verbrauch.
Bringt es denn Trost,
anderer Übel zu genießen?
Längst Verdautes wird erneut
dem Verzehr zugeführt.
Was die Alphabetisten
beichten, gequält
vom eigenen Ich, verdient
keine Absolution.
In der Folterkammer der Sprache
gestehen die Priester des Wortes
ihre verläßlichen Sünden,
Massenware vom Jahrmarkt
der Zivilisation.

4.1.2013

Aus der Garderobe

Die alte Wahrheit
wäscht ihr Gesicht in einem Zuber.
Die Falten bleiben. Die Miene aber
trübt kein Wässerlein. Narben
schmücken die befleckte Haut.
Sie ist zahnlos geworden
ob der Nahrung von den Steinen
der Weisen. Doch nun
ist es Zeit, auf die Bühne zu treten
und vor die Blinden und Tauben:
Ich habe euch alle betrogen.
Jetzt bin ich wieder sauber und
neu kostümiert,
wie man wohl sieht.

12.1.2013

Im Supermarkt

Alle Regale tragen die Last
des Immerselben wie wir.
Gekennzeichnet unsere
Inhaltsstoffe und
unser Verfallsdatum, damit man
uns gnadenlos erkennt.
Normierte Tüten werfen
uns unseren Anblick zurück,
Spiegel unserer Existenz,
verbunden mit Anweisungen
zu unserer Verarbeitung.
Nach Ablauf der Frist
sinken wir in eine
endgültige Tonne, in Gleichheit
und erzwungener Brüderlichkeit
dem Verbrauchtwerden
sinnlos zugeordnet.

27.1.2013

Wie kräftig doch der Wind

die Büsche biegt,
die nichts als nur sie selber sind,
eh er am Abend weiterzieht,
ins Unbekannte, wo er sich versteckt,
um auszuruhen, laubbedeckt.
Mal stark, mal schwach sein leeres Tun,
wobei er sich an allem reibt
voll Lust und darum selten still,
so wie es auch die Menschheit treibt.

31.1.2013

Hadesvisite

Unter dem vielbesungenen New York
U-Bahnschächte, stillgelegt und ohne Laut.
Nur hin und wieder müde ihrer selbst
lassen sich Wassertropfen fallen
in das kalte Schweigen. Scheinlebende,
aufbewahrt in Zeitungspapier,
und Lumpenberge schlafen sich
aus der Zeit hinaus. Die Zukunft wird
geübt, gastlich umringt von Ratten,
die niemals ruhn, wie droben
ihre Stadt.

2.2.2013

Anmerkung

Und dann? Und wann?
Und die Spalten, des Ausgefülltwerdens
harrend? Mit Körpersäften oder
mit Worten? Trage dich hier ein
mit Namen und Nummer
für die Künftigen, für die bleiche
Statistik, für die geduldige Schleimhaut,
für den Diabolus inferior, der
deinen Eintrag auslöscht ratzekahl
mit mildem Lächeln
über deine Mühe.

23.2.2013

Abschied

Wenn die Wolken umziehen, kommen sie
vielleicht in Afrika an oder auch nicht.
Vielleicht verschwinden sie einfach
in unsäglichen Tiefen und Fernen,
in die wir selber verstoßen wurden,
nackt, unbedeckt, bar
eines kleidsamen Bewußtseins oder
eingehüllt in den wärmenden Glauben,
über den Wolken
würde das Unsterbliche mühelos
residieren.

23.2.2013

Fernstraße

Dort hinten nächtlings die Straße.
Schicksale leuchten auf und
erlöschen ohne besondere
Merkmale. In den begleitenden
Gräben Schmutz und Schlamm und
Abfall. Wie soll das nur
weitergehen mit der Vergänglichkeit,
die keiner vermerkt. Doch auch der Tod
beharrt auf Wahrnehmung. Die Lichter
verraten nichts und dennoch
alles was am Nichts
sichtbar werden kann.

23.2.2013

So en passant

Noch einmal dieser lichte Morgen
in verschwiegenen Gassen, von Stille
erfüllt bis zu den Dächern.
Noch einmal solch verdämmernder Abend,
erlöschende Glut horizontfern.
Noch einmal eine Begegnung
voll bewegter Körperlichkeit.
Noch einmal das unlösbare Rätsel
des Blickes von einem
zur anderen. Noch einmal
im sanften Sand an irgendeinem
Weltenrand. Noch einmal die Rückkehr
der Toten als wären sie
lebendig. Noch einmal
in meiner fortdauernden Fremde
das Gewebe aus Sätzen und Zeilen.
Noch und noch einmal
jene Begegnung von stets gleicher Art:
Wann soll ich dich wieder anrufen?
Am besten vielleicht
nie mehr oder doch
immer wieder. Noch einmal
die Erwartung während
der die zitternde Sterblichkeit
pausiert.

2.3.2013

Ansprache

Verschwundene und wiedergefundene
Person: Dich hat
der Meister allen Fleisches erschaffen
zu guter Stunde:
Engel
mir in den Schoß gefallen
kopfüber für immer:
Ich decke mit dir meinen Tisch
und verzehre mich nach dir.
Ehe der Tag erlischt,
brennt deine Gestalt
in mein Sonnengeflecht
deinen Namen ein.

2.3.2013

Die Stille

Erst wenn die Stille hörbar wird,
erkennst du deine erbarmungswürdige
Wahrheit. So dauerhaft wie
fortwährend, weil
der Zeit enthoben: weil aus
dem Nichts entstanden: weil ihr Signum,
das Alpha und Omega, den Sinn
verlor. Ihr Triumph
am Ende lärmender Tage.
Unwiderruflich nach dem letzten
Kapitel und einzig was bleibt
von Anbeginn an.

14.3.2013

Vorzeichen

So wie du selber
erblaßt das Papier
unter deiner Hand, unter
gewissen Worten, straflos
unaussprechbar.
Deiner Zunge Widerstand
ist keine Dauer zugedacht.
Schon nah der Tag,
da jene Silbenschlingen
ihr Würgewerk vollenden,
da das alte Menetekel aus dir hervorbricht.

21.3.2013

Am Fließ

Zögerliches Dahinströmen
gegen die Zeit. Kein Ziel,
keine Absicht, kein Plan,
keine Täuschung. Du da oben
auf der kleinen Brücke
aber glaubst, selber mit dem Wasser
davonzutreiben, gebannt
von der Illusion, fortgetragen
zu werden aus der Leere
deines Diesseits.
Kein zweites Mal erlebst du
diesen Augenblick,
Heraklit zufolge.

22.3.2013

Alle Tage

ist Eingedenktag.
Am Klebstoff Erinnern haftet
das ungesegnet Zeitliche. Vor allem
die unablösbaren Menschenschatten,
als seien sie noch in der Wirklichkeit
wirklich, dort hinter
den schwarzen Wäldern, hinter
den schwarzen Wolken, den stummen
Wänden und hinter
der künstlerisch geformten
Herzensleere allerseits.

22.3.2013

Erscheinung

Wie gerne wäre ich
ein Herold der Stille.
Mit einem tonlosen Horn verkündete ich
das Erscheinen des Außerordentlichen.
Als Wappenzeichen trüge ich
auf meinem Wams das Abbild
eines Ohres, verstopft mit Watte
oder mit Werg. Auf Zehenspitzen
durch die dunkelnden Gassen,
in welchen niemand sonst wohnt
als der Geist melodiöser Lautlosigkeit.
Wer mir folgte, fände hier
vielleicht ein einzigartiges Glück,
geronnen aus purem Schweigen.

22.3.2013

Neunzehnhundertfünfundvierzig

Als Fallada längst gehängt worden,
war auch ich nach der Panzerschlacht
in der Frankfurter Allee und bewegte
mich zwischen ebenholzartigen Figuren
aus ehemaligem Menschenmaterial. Und stieg
auf einen ausgebrannten
Koloß und roch das Parfüm des Todes,
aus der Turmluke dünstend.
Ein schöner Tag im Mai. So still
wie niemals vordem und so ruhig
wie irgendwann demnächst
alle Geschichte einmal.

22.3.2013

Verlangen

Daß Hand nicht nur Hand ergreife,
daß Leiber beliebig nicht seien
sondern: Der eine.
Nahmündlich und sprachlos
gestand ich dir alles
das und viel mehr:
gemahnt
durch das Ende des Sommers.
Wir sanken zur Erde
und vergaßen sie.

29.3.2013

Astronomische Meditation

Was ist die Welt?
Ehe man sie begreift, ist sie
schon dem Zugriff entglitten.
Sie ist ja das Unbegreifliche,
nur dem Glauben glaubhaft.
Ansonsten ein Konglomerat
von Bruchstücken, zusammensetzbar
zu einem Ganzen der Irrtum
von Philosophen und sonstigen
Narren. Siehe das verwehte Blatt
will einstehen für den Wald.
Was aber ist der Wald?
Was ist die Welt?
Das, wovon bloß Spiegelungen
dich treffen. Dir wird zum Trost
das Höhlengleichnis zuteil.
Liebe die vorüberziehenden
Schatten.

1.4.2013

Diskurs

Jede Stimme sagt etwas
anderes, obwohl dennoch
das Gleiche betreffend.
Doch was ist eigentlich
das Gleiche?
Was jede Stimme anders sagt.
Und das hast du nicht gewußt?
Du hast eben nicht recht
zugehört, bis deine Zeit
abgelaufen war
wie verbrauchtes Waschwasser
in irgendeine Tiefe ins
hinterhältig Unergründliche,
aus dem stetig dieselben
Quellen entspringen.

15.4.2013

Kommunikation

Früher war alles ganz
anders. Nämlich so, wie morgen
das Heute sein wird. Dann
wird man staunen, wie sorglos
wir lebten, nämlich so
wie die vor uns gestern
ihre Tage verlaufen ließen
wie in eine brüchige Zisterne,
aus deren Schlamm
wir unser Manna schöpften.
Unsere Zeit ist zu sehr bemessen,
um einander mehr sagen zu können,
als daß wir einander
nicht verstehen. Das jedenfalls
haben wir als einziges
verstanden, aber bloß
soso.

15.4.2013

Zu Freud

Manchmal kommen sie,
die alten Gefühle, unvorhergesehen
aus ihrem zellulären Versteck.
Es bedarf des Schlafes, damit
sie sich hervorwagen. Obschon
sie aus früheren Zeiten stammen,
eignet ihnen noch immer
bedenkliche Kraft.
Sie können dir nichts mehr anhaben,
weder Furcht noch Verlangen,
und sinken tagsüber zurück
in ihre Verborgenheit
bis zur nächsten nächtlichen
Geisterstunde.

9.5.2013

Lesestunde

Das weiße Blatt Papier
verliert seine Unschuld,
weil es beschriftet wird. Buchstaben
täuschen Wirklichkeit vor,
die es in Wirklichkeit gar nicht gibt.
Ins Werk gesetzt
von berühmten wie unbekannten Fälschern.
Ihnen entquellen unwiderruflich
Satzfäden
von Land zu Land
und spinnen uns ein,
gefangen im Netz der Worte
vergessen wir uns und einander,
bis wir selber zu Papier geworden,
archiviert in Nichtigkeit Amen.

20.6.2013

Anruf

Jemand sprach
oder sagte auch bloß
beiläufig: Hüte dich vor allem
vor dir selbst.
Solche Stimme aus dem alltäglichen
Dunkel, wie es uns fortwährend
einhüllt, sie wäre eine
meinesgleichen, übertönt
vom Gelärm des Windes, des Wetters,
vom Rollen und Grollen
üblicher Räderwerke. Und
so nebensächlich und bedeutsam,
daß unbestimmt bleibt, woher
eigentlich die Drohung gekommen.

22.6.2013

Im Nachbargarten

Sie beugt sich über ein Beet,
jene ältere Frau von nebenan
mit dem Rücken zu mir. Ihr Kittel
ist kurz.
Ein lange vordem gelesener Satz
»der mächtigen Schenkel weißen Fleisches«
ward Wirklichkeit »und wölbt sich
über die Ränder dunkler Strümpfe.«
Ich erkenne die Richtigkeit
von Herrn Messmers Entdeckung
des tierischen Magnetismus.
Wiederaufgerichtet
wendet sie sich um und sieht
mich an: die Botschaft der Blicke,
Kassiber kurzfristig Verschworener.
Der Zaun wäre überwindbar
mit Aphrodites Gunst
in archaischer Zeit
gewesen.

5.7.2013

Nachwort

Poesie ist die Muttersprache des
menschlichen Geschlechts.
Johann Georg Hamann

Lyrik – die Essenz der Weltkultur.
Joseph Brodsky

1

Lyrik, dieses urlebendige Genre der Literatur, hat durch die Zeiten
hin eine große Erfolgsgeschichte bestanden. Nach den Wirkungsgrün-
den befragt, weisen selbst Poeten gern auf das »Geheimnis« der Poesie
hin. Octavio Paz nannte das Gedicht »den geheimen Ort der Begeg-
nung entgegengesetzter Kräfte«. Günter Kunert erklärt in einem In-
terview:»Das Gedicht stellt ja in sich schon als Produkt etwas ganz
Widersprüchliches dar, denn die Intention des Dichters und des Ge-
dichts ist eigentlich: in einer winzigen Form etwas Maximales aus-
drücken zu wollen. Darin liegt der Widerspruch der Gattung selber, es
ist also das Paradox in sich, man könnte es auch die dialektische Exi-
stenzweise des Gedichts nennen. Und diese Widersprüchlichkeit, die-
ser Widerspruch geht als ein Antriebsmittel bis in die Sprache des Ge-
dichts hinein ... «

Der britische Dichter Gerard Manley Hopkins hatte einst darauf
hingewiesen, daß der Parallelismus, wie er seit der althebräischen Poe-
sie in Gedichten hervortrat, nicht nur Silben, Rhythmen und Reime,
sondern auch Worte, Gedanken und den Sinn strukturiere: Das Ge-
dicht stimmt also den Hörer oder Leser auf ein Geflecht von Wider-
sprüchen ein.

Und seine Menschennähe ermöglicht ihm auszusprechen, was bei
vielen anderen Arten des Sprechens unsagbar wird: das Subjektive,
Emotionale, Intuitive. Es vermag verschiedene Instanzen der Persön-
lichkeit simultan anzusprechen, so das Bewußtsein, das Über-Ich und

das Unterbewußtsein. Wenn es mehrere Ausdrucks- und Sprachebenen gleichzeitig nutzt, etwa das Reden im Klartext und das Reden in Metaphern, stimuliert und befeuert es mehrere Hin-Areale und steigert so die Erlebnismöglichkeit. Poesie partizipiert an der eigentümlichen Fähigkeit aller Künste, den Empfänger kreativer, ja sogar ein wenig zum Künstler zu machen.

Lyrik galt lange als Gipfel der literarischen Genre-Pyramide, und zugleich als ihre Basis, aus der so viele andere Genres Kraft und Inspiration gewinnen.

2

Die oft gehörte Klage, daß Literatur nur wenig bewirken könne, muß im Falle Günter Kunerts als widerlegt gelten. Literatur hat wesentlich sein Leben bestimmt, und dies nicht erst, seit er sich für den Schriftstellerberuf entschied. Er hat wie im Eildurchlauf mehrere Zeitalter durchlebt, mehrere Regime überstanden, die einander tödlich verfeindet waren, und die es darauf abgesehen hatten, ihn – wie im Falle des Nazi-Regimes – auszugrenzen und zu vernichten, oder – wie im Falle der DDR – zu vereinnahmen und in Dienst zu stellen.

Geboren war er 1929, am Ende der Goldenen Zwanziger Jahre – die Literatur jener Zeit hat er später immer als anverwandt und heimisch empfunden. Auch die alte jüdische Buchtradition, und die Vorstellung, Welt und Leben wie Bücher zu lesen, und sich selber hineinzuschreiben. Als Günter Kunert fünf Jahre alt war, verkündete das Hitlersystem die Nürnberger Gesetze, aus denen dann Schritt um Schritt der Völkermord an Juden gefolgert wurde. Hitlers »Drittes Reich« begann mit den Vorbereitungen des größten Krieges aller Zeiten. Es verbrannte Scheiterhaufen von Büchern, um deren Verfassern und ihrem Menschengeist den Kampf anzusagen.

Günter Kunert fing früh mit dem Lesen an, wie es in der jüdischen Kultur üblich war, und seither hingen mehrere Damoklesschwerter über ihm. Er war nicht nur der Sohn einer jüdischen Mutter, die obendrein zu linkem Gedankengut neigte. Diese Mutter trug für ihren

Jungen aus Antiquariaten und Bibliotheken Lektüre herbei, darunter verbotene, und er zog sich, so oft es ging, in die Refugien der Fantasie, in die Freiräume von Gegenwelten zurück, um sich, durch Krankheit entschuldigt, den Indoktrinationen der »Volksschule« und ihrer Prügelpädagogik zu entziehen. Als er schließlich mit viel Zufallsglück die großen Gefahren überstanden hatte: Razzien, Bombardements, die Straßenkämpfe um seine Heimatstadt Berlin, verfügte er über einen großen Fundus an Wissen und geistiger Souveränität.

Zwei der in Nazideutschland verbotenen Autoren, Johannes R. Becher und Bertolt Brecht, kehrten nach dem Kriege aus der Emigration heim, der eine aus Moskau, der andere aus Kalifornien. Auch sonst waren sie Gegensätze, aber einig in der Hochschätzung dieses jungen Mannes, der ihnen überraschende Gedichte vorlegte. Er zeichnete sich aus durch gesunde Skepsis, durchschauenden Blick und ein starkes Talent, das sich zunächst einen Weg in die bildende Kunst, dann in die Literatur gesucht hatte. Kunerts erster Gedichtband »Wegschilder und Mauerinschriften« erschien 1950, Jahre vor den Erstlingsbüchern seiner Generationsgenossen.

In der Folge entstand ein vielgestaltiges Werk von großer Spannweite: erzählende Prosa, Essays, Feuilletons und Reden, Filme, Hörspiele, Aphorismen und Notate – Kunert hat in fast allen Genres der Literatur Bedeutendes geleistet. Aber das Zentrum seiner Arbeit blieb die Lyrik.

Der engstirnigen Literaturauffassung der DDR-Obrigkeit zum Trotz wurde er einer der bedeutendsten Autoren des östlichen Teillandes, und seit er 1963 durchgesetzt hatte, daß seine Bücher im Osten wie im Westen Deutschlands herauskamen – wenn auch manchmal unter Schwierigkeiten und verzögert –, konnte er als einer der wenigen »gesamtdeutschen« Dichter gelten. 1969 beginnend, erschienen Bücher von ihm in immer mehr Ländern der östlichen und der westlichen Hemisphäre.

Dreißig Jahre lang hat er in der DDR versucht, die engen Grenzen des Denkens, Sagens und Schreibens zu erweitern. Drei Jahre, nachdem er mit anderen Autoren gegen die Ausbürgerung des Dichters Wolf Biermann Einspruch erhoben hatte, verließ er die DDR, weil er unter den wachsenden Drangsalierungen dort nicht mehr schreiben konnte. Seither ist er in Schleswig-Holstein ansässig, symbolhaft in Randlage wie die deutsche Literatur, aber von dorther ausgreifend: in die Mitte und in die Ferne hin, in Vergangenheit und Zukunft.

Während der folgenden Jahrzehnte entfaltete Günter Kunert in vielen Genres der Literatur eine außerordentliche Produktivität. Das Herzstück seines Engagements aber blieb die Lyrik.

Es gab kaum ein wichtiges Thema, das er nicht bedacht, zu dem er sich nicht deutlich geäußert hat. Aber die Sorge um die Zukunft des Biotops Erde und um das Überleben der Menschheit – er trug daran schon seit DDR-Zeiten - wurde immer dominanter. Kunert sagt, seine Angst sei geringer, aber seine Besorgnis größer geworden.

Er schreibt weiter angesichts drohender Weltuntergänge. Warum sollte er nicht auch einer zunehmenden Marginalisierung der Literatur widerstehen, indem er weiterschreibt?

Allerdings gibt er seiner bildnerischen Arbeit, die ihn ein Leben lang begleitete (einer lustvollen und erholsamen Nebentätigkeit) in seinem Tagewerk zunehmend Raum.

3

Seit die normativen Poetiken an Gültigkeit verloren haben, müssen Dichter die Lyrik immer wieder neu erfinden; und sind dann gefordert, sich zu erklären, sei es in Poetikvorlesungen oder Essays, in Statements oder in Gedichten.

Zur Frage, wie sich das Denken der Künste von anderen Denkungsarten unterscheide, hat der Philosoph Immanuel Kant eine eigentümliche Hypothese aufgestellt. Kunst könne »sich selbst nicht die Regel ausdenken, nach der sie ihr Produkt zustande bringen soll.« Und über das (literarische) Genie heißt es bei ihm: »Daß es, wie es ein Produkt zustande bringe, selbst nicht wissenschaftlich anzeigen könne, sondern daß es der Natur die Regel gebe, und daher der Urheber eines Produkts, welches er seinem Genie verdankt, selbst nicht weiß, wie sich in ihm die Ideen dazu herbeifinden, auch es nicht in seiner Gewalt hat, dergleichen nach Belieben oder planmäßig auszudenken, und anderen in Vorschriften mitzuteilen, die sie in den Stand setzen, gleichmäßige Produkte hervorzubringen.« Solche Verständigungsprobleme zwischen künstlerischem und philosophischem bzw. wissenschaftlichem Denken könnten auch erklären, warum Dichter ins Stammeln geraten, wenn sie ihre Verse mit unpoetischen Worten erläutern sollen. (Dieser Konflikt spiegelt sich in den vielerlei Debatten über die verschiedenen Arten des Denkens.)

Aus dem Dictum des Immanuel Kant folgt zugleich, woran man ein Genie erkennen könne: daß es Dinge in Angriff nimmt und daß ihm Lösungen gelingen, die nach landläufigem Meinen für unwahrscheinlich oder unmöglich gelten. Viele glauben, ein Dichter dürfe kein Denker sein, und ein Gedachtes sei kein Gedicht. Oder es gilt als Regel, daß es von der Satire, der Ironie, der Komik, der Burleske, oder von Feuilleton und Essay, oder etwa der Krimi-, Fantasy- und Science-fiction-Geschichte zu großer Lyrik hin ein sehr weiter Weg sei. Günter Kunert widerlegt mit seiner Poesie all diese Einwände mühelos: Ein Denker z. B. kann sehr wohl Dichter sein, solange er poetisch denkt.

Poetisches Denken bedeutet meist ein dialektisches und dialogisches Denken.»Kontroverses Schreiben«, »Paradoxie als Prinzip«, »Das Bewußtsein des Gedichts«, »Vor der Sintflut. Das Gedicht als Arche Noah«,»Die letzten Indianer Europas« heißen programmatische Äußerungen des Dichters über seine Poetik. Und jedes neue Gedicht unternimmt es, indem es seinen innewohnenden Antrieben folgt, diese Poetik weiterzuführen. Oder sie partiell zu widerlegen, indem es nach neuen, oft konträren Lösungen fragt.

4

Der Titel »Fortgesetztes Vermächtnis« spielt mit Irritationen: es geht hier nicht um ein erfülltes, sondern um ein immer neu zu setzendes Vermächtnis. Man spürt Ironie, vermerkt den Seitenhieb auf entleerte Gedenkrituale.

Alterslyrik, meist im Parlando gehalten. Diagnosen, Prognosen und

Bilanzen. Grundthemen des Gesamtwerks sind weitergeführt: Historie, Natur, Eros, Reisen, Mythologie, Erinnern ... Immer wieder werden in litaneiartiger Überschau Verluste resümiert, Abschiedsmotive gehäuft. Abend- und Endstimmungen. Die eigene Spätzeit macht sensibel für die Signale von Katastrophen und für mancherlei Menetekel.

Diese Lyrik steht im Zeichen der Vanitas (»Alles ist eitel ... «), schlägt einen Bogen zum Buch Kohelet der Bibel, und zu Andreas Gryphius, der im Jahrhundert des Dreißigjährigen Krieges gedichtet hatte:

»Es ist alles eitel (zu Prediger 1,2)

Du siehst, wohin du siehst nur Eitelkeit auf Erden.
Was dieser heute baut, reißt jener morgen ein:
Wo itzund Städte stehn, wird eine Wiese sein ...

Oder:

Gleich wie ein eitel Traum leicht aus der Acht hinfällt
Und wie ein Strom verfleußt, den keine Macht aufhält;
So muß auch unser Nam, Lob, Ehr und Ruhm verschwinden.
...
So werden wir verjagt gleich wie ein Rauch von Winden.«

Aber den Dichter Gryphius deshalb auf »Pessimismus« festzulegen, wie man es bei Kunert immer wieder versucht hat, wäre verfehlt. »Memento mori« und »Carpe diem« der Barockepoche, Todesgedenken und Lebensgenuß gehören so untrennbar zusammen wie Kunerts skeptisch-bittere Welterkenntnis und seine Daseinsfreude. Übrigens hatte auch der Prediger im biblischen Buch Kohelet aus der Vanitas vanitatum, der Vergeblichkeit alles Seienden, Schluß gezogen: Der Mensch solle » ... essen und trinken und seine Seele guter Dinge sein in seiner Arbeit« ...

Viele Vanitas-Motive, die in der späten Lyrik Kunerts hervortreten, finden sich auch in der Lyrik des Barock oder in der Malerei jener Epoche: Krieg, Friedhof, die Schöne und der Tod, das Buch, die Ruine, die Uhr, die Maske … Aber bei Kunerts Gedichten gehen sie nicht in einer inszenierten und arrangierten Symbolik auf. Dynamischerweise vermitteln sie eine Fülle persönlichster Erfahrungen und Probleme. Und wie es der Autor in früheren Gedichtfolgen mit antiken Mythen hielt, werden die Motive aus wechselnden Blickwinkeln immer neu gedeutet. So kommt der Spiegel mehrfach ins Spiel:»Spiegelbildbeet« im Globe Theatre der Moderne; Erinnerung an vergangene Liebe; Werkzeug unerbittlicher Selbsterkenntnis, oder der Verkennung. Und zur griechischen Mythologie hinüberblendend, heißt es in einer

Kurzfassung

Immer schön im Kreise
verlaufen im Labyrinth.
Im Zentrum erwartet dich
ein Spiegel
– mein schlauer Minotaurus.

Wie auf einer Drehbühne mit wechselnden Szenerien ergibt sich eine Art apokalyptischer Endzeitlandschaft: die Welt als Kartenhaus und Spielkasino; Teufel und Höllenfahrten; der Mensch als Ware im Supermarkt usf. Kaleidoskope und Kreisläufte, die sich gleichsam nach unten öffnen, in den unersättlichen Malstrom des Nichts.

Und wie in früheren Bänden gibt der Dichter Rechenschaft über seine Arbeit –»Quintessenz poetologisch«. Viel Zweifel, viel Verzweiflung, aber all die wachsende Skepsis mindert nicht den Antrieb, oder das Getriebensein, die Arbeit fortzusetzen: poetisches Kontinuum, Work in progress …

Es sind immer wieder Unkenrufe zu hören, Poesie sei im Niedergang begriffen oder steuere auf ihren Untergang zu. Und solche Rufe tun anscheinend ihre Wirkung: bei Kritikern, bei potentiellen Lesern, bei Verlagen und sogar bei Lyrikern.

Aber es gab und gibt immer Gegenstimmen: In seiner berühmten Rede »Probleme der Lyrik« hatte Gottfried Benn über unpoetische Denker (speziell Philosophen) 1951 gemeint: »Sie fühlen, daß es mit dem diskursiven systematischen Denken im Augenblick zu Ende ist, das Bewußtsein erträgt im Augenblick nur etwas, das in Bruchstücken denkt, die Betrachtungen von fünfhundert Seiten über die Wahrheit, so treffend einige Sätze sein mögen, werden aufgewogen von einem dreistrophigen Gedicht... «

Auf der Suche nach Kreativität, der »Ressource des 21. Jahrhunderts«, hat man gegenwärtig das poetische Denken als Inspirationsquelle entdeckt. Jetzt nehmen sich auch philosophische Kreise der Problematik an, die schon 1994 Rolf Geißler in seinem »Versuch über das poetische Denken« reflektiert hatte. Und Literaturtheorie beginnt, sich als »Lebenswissenschaft« zu definieren, setzt auf das »Lebenswissen« von Literatur, will deren »Eigen-Logiken und Eigen-Sinn« studieren. Gleichzeitig kommen Anthropologen zu weitreichenden Thesen: Ohne die »sinnkonstituierende Kraft des poetischen Denkens verlöre die Menschheit nicht nur ihr Spezifikum, sie hätte auch wenig Überlebenschancen«. (So in: Marko Pajević: Poetisches Denken und die Frage nach dem Menschen. Grundzüge einer poetologischen Anthropologie.)

Selbst die Kunstfigur des Homo oeconomicus scheint sich neuerdings für Lyrik zu interessieren. So findet man eine Werbung für ein teures Wochenendseminar, wo die Teilnehmer befähigt werden sollen, mit Hilfe von Gedichten und Aphorismen ihre Führungsstrategien noch effektiver durchzusetzen.

Solche signifikanten Trends tragen zu der Vermutung bei: in Zukunft werden wohl wieder häufiger Gedichte gelesen werden. Aber vor allem wird weiterhin Lyrik geschrieben werden, überaus lebendige, weit entfernt davon, letzte Worte zu sprechen. Hier, zum Anlaß von Günter Kunerts 85. Geburtstag, soll sie allerdings ein letztes Wort haben, aus der Feder des Dichters, und diesmal auffällig unironisch:

»DAS GEDICHT/ ... Wiedererstandener Phönix/aus der abgründigen Schwärze/fliegt oder flüchtet/durch Mauern und Wände, vorbei/ an Bajonetten und grellen Fassaden./Immer aufs Neue verjagt und/ vermißt, verachtet und aufs Neue/willkommen geheißen:/das Gedicht.«

Zu dieser Ausgabe

Seit dem ersten Gedichtbuch des Autors sind rund 30 Sammelbände seiner Lyrik erschienen, zuletzt:»So und nicht anders. Ausgewählte und neue Gedichte« (2002) und »Als das Leben umsonst war. Gedichte« (2009).

Der hier vorliegende Band gibt eine Auswahl von Texten, die nach der Jahrtausendwende entstanden und in bisherigen Sammelbänden nicht enthalten sind. Manche der Gedichte wurden jedoch in bibliophilen Teilausgaben, Zeitschriften und Ausstellungskatalogen bereits gedruckt.

Nach einigen Anordnungsversuchen entschied sich Günter Kunert für die chronologische Reihung. Das Datum unter dem jeweiligen Text vermerkt nicht den Tag der ersten Niederschrift, sondern den Zeitpunkt, an dem die hier wiedergegebene Textvariante entstand. Die Angaben stammen vom Autor; er hat auch das dem Buch vorangestellte Zitat als Motto gewählt.

Hubert Witt

Inhalt